いちばんわかりやすい 最新 介護保険

サービス　手続き　使い方

成美堂出版

はじめに

かつて私も21歳のときから約３年間、富山の祖父母の遠距離介護での仕事との両立、介護離職、看取りまでを経験しました。当時は介護保険もなく、インターネットの普及もしておらず、頼れるのは「タウンページ」のみで、試行錯誤をしながら、自分の将来にも不安を感じながら、ただただ祖母の入院する病院と祖父の家との往復の介護生活を送っていました。

そのような生活の中で頑張れたのは、余命半年を宣告され、寝たきりで認知症症状があった祖母が、かかわる環境を変えたことで認知症が改善され、自宅に帰る意欲を出し、リハビリを頑張り、杖歩行で一時帰宅ができたうれしい出来事や、ご近所やご親戚の方々にたくさんの励ましをいただいたことでした。

介護業界に入り、今年で28年目を迎え、祖父母が導いてくれたおかげで天職に巡り合うことができ、家族介護していた頃のつらかった日々も、今では学びの日々と思えるようになりました。

この本をご覧になる方も「今家族介護で悩んでいる方」「今後の介護がご不安な方」「今介護のお仕事をされている方」とさまざまだと思いますが、ハワイのことわざに“No rain, no rainbows.”（雨がなければ虹はない）という言葉があります。

「つらいことや悲しいことがあっても、それを乗り越えたらいいことがある」という意味ですが、皆様にとっても今後の人生が、介護を人生の通過点として、この本で前向きな素晴らしい人生になられることを心からお祈りします。

令和６年５月吉日

株式会社ねこの手　代表取締役

介護福祉士　**伊藤亜記**

本書の読み方ポイント

巻頭特集 令和6(2024)年の介護保険改正＆最新情報！　ほか

最新の改正情報や方向性、初心者向けの「介護保険案内」をカラーでわかりやすくまとめています。 ➡4ページ

パート1 介護保険　最初に知っておきたい基本の基本

「介護保険ってどんな制度？」基本の知識が得られます。 ➡23ページ

パート2 サービスを申請して認定を受ける

「介護保険サービスを使いたい！」申請から要介護（要支援）認定までを確認できます。 ➡39ページ

パート3 ケアプラン（介護の計画）を立てる

「サービスの内容やスケジュールはどうしよう？」利用開始までの流れがわかります。 ➡61ページ

パート4 サービス全種類簡単まとめ

「介護保険にはどんなサービスがあるの？」在宅から施設まで全部紹介します。 ➡91ページ

パート5 介護と介護保険プラスアルファの知識

介護をする人／される人に役立つ情報を、厳選して解説しています。 ➡149ページ

巻末特集 介護保険のしくみと活用　もっと知りたい

知っていると、もっと介護保険の理解が深まり、得をする知識を集めました。 ➡163ページ

巻頭特集1

令和6(2024)年の介護保険改正&最新情報!

令和６年の介護保険制度の改正では、
大きな変更は見送られました。
介護報酬の改定では、さまざまなサービスの見直しが行われています。
2025年問題をはじめとして、介護をとりまく環境は厳しいものです。
利用者やその家族も、制度の変化を知っておきましょう。

せまる2025年問題

令和７(2025)年以降、団塊世代(昭和 22～ 24年生まれ)が
75歳以上の後期高齢者になり、国民の５人に１人が後期高齢者という
「超高齢化社会」を迎えます。今後はますます医療や介護サービスを
必要とする人が増える一方、労働者人口の減少によりそれを担う人材は
不足することになります。これが 2025年問題です。

介護保険サービスの利用者は増えていく

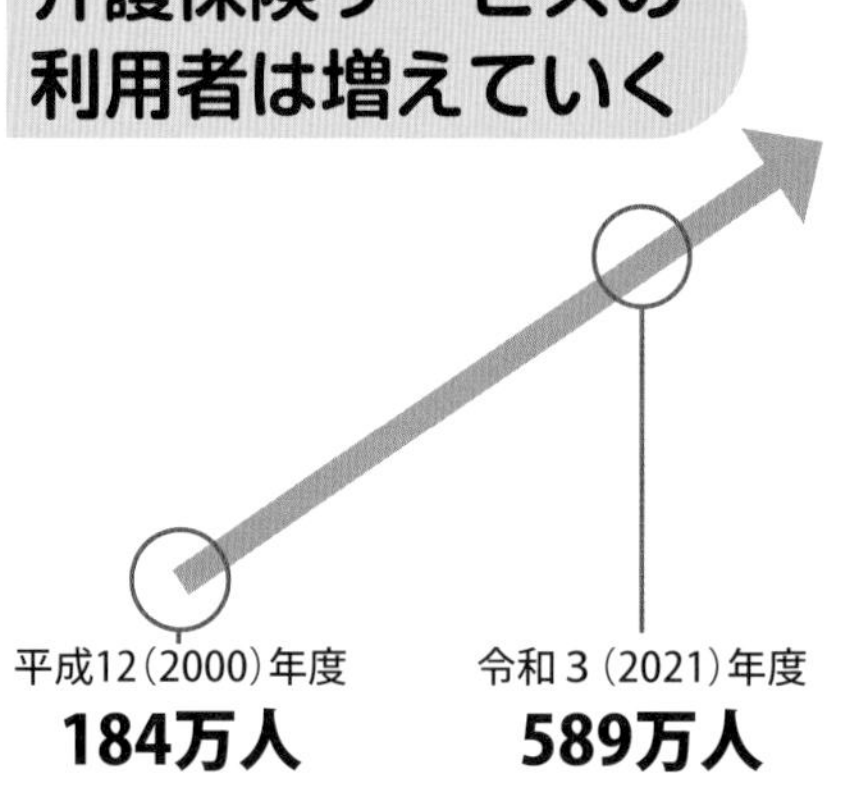
平成12(2000)年度
184万人
令和３(2021)年度
589万人

今後の介護保険制度は、こうした社会情勢や環境の変化に対応できるような改正を続けていくことが欠かせません。

1か月平均のサービス受給者数「令和３年度介護保険事業状況報告（年報）」（厚生労働省）より。

注目 65歳以上の介護保険料が見直された

所得の多い65歳以上（第１号被保険者）の介護保険料が引き上げられ、低所得者は引き下げられました。なお、64歳未満の保険料には変更はありません。

高所得者の保険料率が引き上げられる

第１号被保険者の所得による保険料区分が、所得により細分化された（標準段階が９段階から13段階に。実際の段階の数や乗率は市区町村により異なる）。

※保険料額は、市区町村ごとの基準額にその段階ごとの一定割合（乗率）を掛けた金額となる。

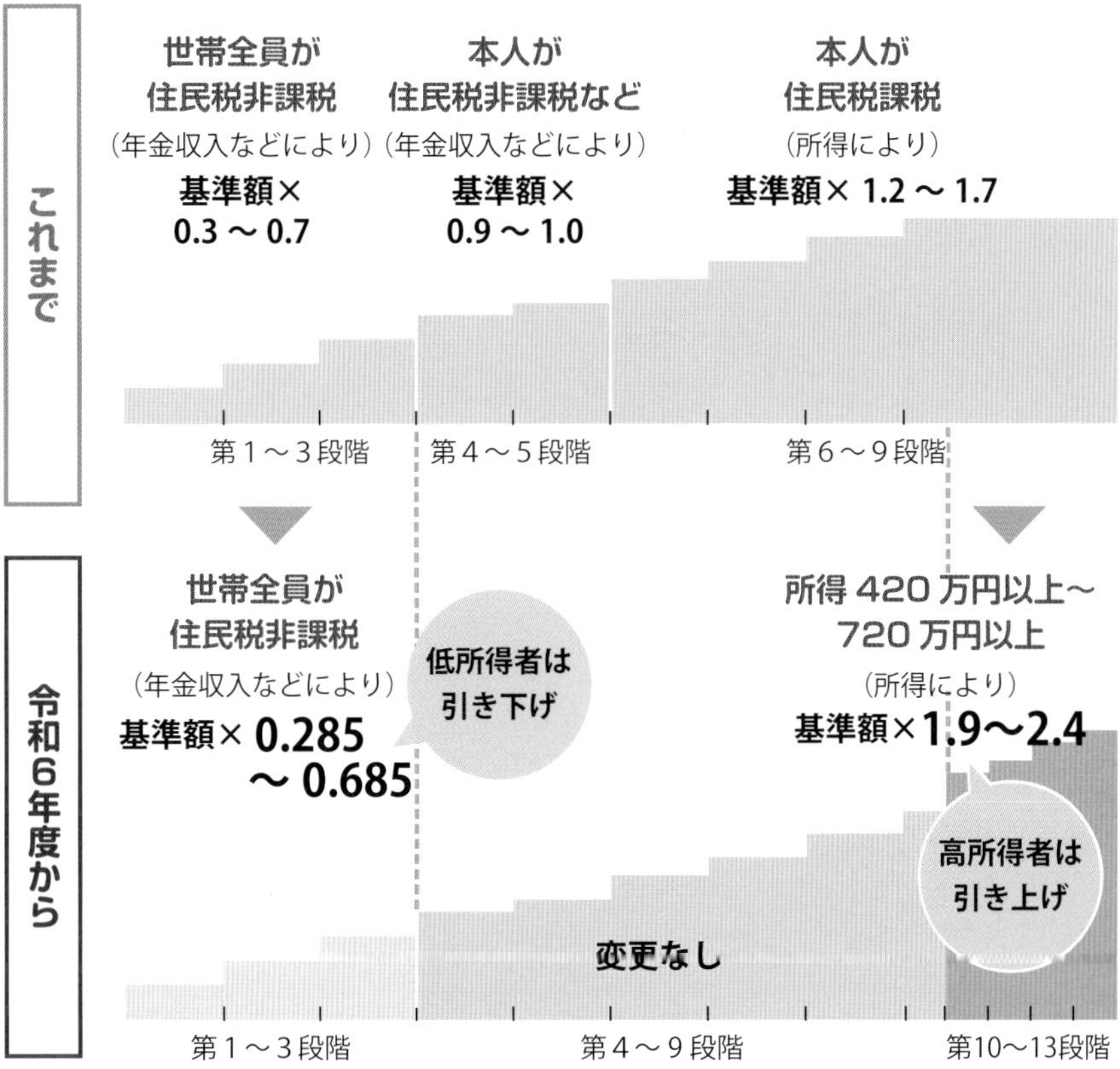

注・どちらも標準段階の場合。実際の保険料区分などは、市区町村のホームページなどで確認を。

令和６年度の介護報酬改定ポイント

令和６年度には介護報酬の改定が行われました。具体的な改定は４つの大きなテーマに基づいています。よりよいサービスを受けるためにも知っておきたい知識です。主な内容を紹介します。

令和６年度介護報酬改定　4つのテーマ

1　地域包括ケアシステムの深化・推進
▶ 地域に暮らす人たちが必要としている、介護サービスを見きわめて充実させる。

2　自立支援・重度化防止に向けた対応
▶ 医療や介護など職種間の連携や「LIFE」の活用により、サービスの質を高める。

3　良質な介護サービスの効率的な提供に向けた働きやすい職場づくり
▶ 介護現場で働く人の処遇を改善するなど、働きやすい環境をつくる。

4　制度の安定性・持続可能性の確保
▶ これからも安心して介護サービスが受けられるよう、制度の改善を行う。

キーワード

介護報酬の改定

介護報酬は、私たちが受ける介護サービスに対してサービス事業者に支払われるお金。ベースとなる金額（基本報酬）と、特別なサービスや事業所の体制などに設けられた「加算」「減算」（→９ページ）の合計からなる。３年に一度見直し（改定）が行われている。

注・それぞれ改定の実施は令和６年４月から。ただし、医療と関係する一部のサービスは令和６年６月からスタート。

1 地域包括ケアシステムの深化・推進

居宅サービス、施設サービスなどで、その地域に暮らす人たちが、必要に応じた適切なサービスを受けられる対策がとられました。

主なポイント

❶ 居宅介護支援事業所が介護予防支援を行えるようになった

地域包括支援センター（→34ページ）の業務負担を軽減するため、居宅介護支援事業所（→64ページ）が、直接介護予防支援*を行えるようになった。

＊要介護状態を予防するサービス。

❷ 必要な介護サービスを充実させる取り組みが行われる

それぞれ関連する加算や減算の、新設や見直しが行われた。

感染症や災害への対応力を高める

・適切な措置を講じていない事業所の減算など。

医療と介護の連携を推進する

・看護師や薬剤師によるケアの加算新設など。

高齢者虐待の発生や再発を防ぐ

・適切な措置を講じていない事業所の減算など。

看取りへの対応を強化する

・看取りやターミナルケアへの加算の見直しなど。

認知症への対応力を上げる

・認知症への加算の見直しなど。

❸ 福祉用具貸与が見直された

比較的安価な福祉用具について、貸与、購入の選択ができるようになった（貸与では、定期的なモニタリングが実施される）。

対象となる福祉用具

固定用スロープ（可搬型は除く）、歩行器（歩行車は除く）、単点杖（松葉杖は除く）、多点杖

キーワード

地域包括ケアシステム

その地域で暮らす人たちが、できる限り住み慣れた地域で自分らしく最期まで生活できるよう、その地域の医療や介護、介護予防、生活支援を連携して提供するしくみ。

2 自立支援・重度化防止に向けた対応

要介護者の自立を支援し、その重症化を防ぐため、さまざまな職種間の連携や「LIFE」の活用などが実施されます。

主なポイント

① リハビリや機能訓練、口腔・栄養ケアへの取り組みが強化される

リハビリに関する加算が見直され、事業所間の口腔管理や栄養管理の連携が強化された。

② 科学的介護（LIFEなど）の活用が進められる

LIFE への入力項目が明確化され、入力（データ提出）の回数が 6 か月に 1 回から 3 か月に 1 回に見直された。

キーワード

LIFE（科学的介護情報システム）

介護サービスの事業者が行うケアプランの内容などを、インターネット上で厚生労働省と共有するしくみ。厚生労働省がこうしたデータを分析して、各事業所にケアに関する提案などを行う（フィードバック）。

3 良質な介護サービスの効率的な提供に向けた働きやすい職場づくり

介護サービスの人材不足への対策として、介護現場で働く人たちの処遇改善や業務の効率化で、働きやすい環境づくりがはかられます。

主なポイント

① 介護職員の処遇が改善される

介護職員の処遇に対する加算が一本化され、より多くの事業所が活用できるようになった。加算率もアップした。

② 介護ロボットやICTの活用が進められる

介護ロボット（介護に役立つセンサーなどを持つ機械システム）や ICT（業務を支援する介護ソフトウェアなど）の導入に対する加算がつくられた。

4 制度の安定性・持続可能性の確保

利用者がこれからも安心して介護サービスが受けられるよう、
制度の効率や報酬の見直しが行われました。

主なポイント

1 加算・減算の適正化や重点化などが行われた

事業所と同一敷地などに住む人への訪問介護のルールが厳格になった（利用者の数など）。短期入所生活介護の長期利用に関するルールが厳格になった（61日以上利用の単位減など）。

2 介護医療院、介護老人保健施設*の室料負担が見直される

多床室の入所者は、原則として月 8000 円の負担となる（令和７年８月開始予定）。

＊介護医療院はⅡ型、介護老人保健施設はその他型または療養型が対象。

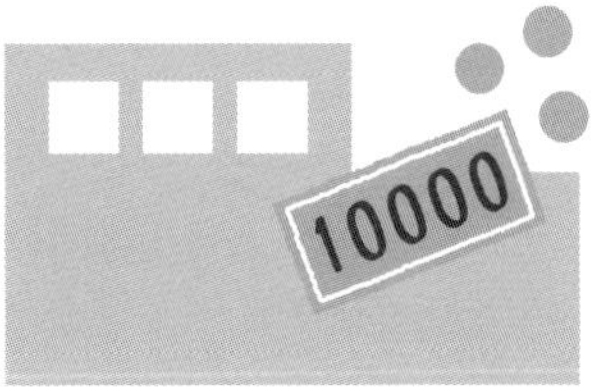

介護報酬の加算・減算を知っておこう

介護報酬には、さまざまな加算、減算が設けられている。個別のケアプラン（サービス内容）によるもののほか、サービス事業者の体制づくりに対するものがある。

加算が多く減算が少ないほど、自己負担*は増えるがサービスの充実が期待できる。ケアプランの作成時など、しっかり内容を確認しよう。

＊介護報酬の１～３割が利用者負担。

訪問介護の加算、減算の例

加算	２人の訪問介護員等による場合	基本報酬×２
加算	夜間または早朝の場合	基本報酬の25%
加算	深夜の場合	基本報酬の50%
加算	特定事業所加算	事業所の要件により基本報酬の３～20%
加算	認知症専門ケア加算	ケアの内容により、１日３～４単位
加算	介護職員処遇改善加算（令和６年６月～）	基本報酬の14.5～24.5%など
減算	高齢者虐待防止措置未実施減算	基本報酬の１%

これからの注目ポイントをチェック

今回の改正では、その影響などを考慮して多くの項目が見送られました。ただし、次の改正に向けて、今後も話し合いが行われることになります。主なものを確認しておきましょう。

新たな複合型サービスの創設

訪問介護と通所介護を組み合わせたサービスなどをつくる。複数のサービスを利用する人に、柔軟で適切なサービスを行うことができる。

課題 制度がますますわかりにくくなってしまう。

自己負担2割の対象者拡大

自己負担２割の対象者を、所得基準の見直しにより拡大する。

課題 高齢者の経済負担が大きくなってしまう。

要介護1～2の総合事業への移行

要介護１～２の人へのサービスを市区町村の総合事業（→56ページ）にすることで、市区町村が報酬や基準を決められるようになり、費用の抑制などが期待できる。

課題 サービスの質が低下したり、事業所が撤退するなどの可能性がある。

ケアプラン（ケアマネジメント）の有料化

現在利用者負担のないケアマネジメント費用を有料にする。

課題 利用者や家族からの要求が大きくなったり、サービス利用をひかえる可能性がある。

これからも介護保険制度は変わっていくんですね。自分たちの将来のためにも、しっかり動向を見守らないといけませんね。

介護保険の手続きが オンラインで申請できる

―介護ワンストップサービス（ぴったりサービス）―

本人や家族などが行う介護保険に関する手続きは、
パソコンやスマホから行うことができます。

注・住んでいる地域の対応状況は各自治体に要確認。

オンラインで申請できる手続き

1 要介護、要支援の認定申請（新規、更新、区分変更）

2 居宅介護サービス計画の作成（変更）依頼の届け出

3 負担割合証の再交付の申請

4 被保険者証の再交付申請

5 高額介護サービス費の支給申請

6 介護保険負担限度額認定申請

7 福祉用具購入費の支給申請

8 住宅改修費の支給申請

9 住所移転後の要介護・要支援認定の申請

利用の基本手順

「マイナポータル」*にアクセス▶自治体を設定（都道府県、市区町村）▶「さがす」をクリック▶カテゴリから「高齢者・介護」をクリック。キーワードなどで検索も可▶利用したいサービス（手続き）を選ぶ▶画面の手順に従い、申請する人の情報や申請内容を入力する▶必要に応じて添付書類を登録する▶送信する

＊ https://myna.go.jp/

ポイント

マイナンバーカードを使って申請者情報を入力したり、電子署名を行うため、事前にパソコンならICカードリーダライタなど*、スマホならマイナポータルアプリのインストールが必要になる。

＊マイナンバーカードを読み込む装置。家電量販店などで購入できる。

マイナポータルとは

マイナンバーを利用した政府運営のオンラインサービス。行政機関からのお知らせの確認、公金決済サービス、行政機関が管理する自分の個人情報の確認などができる。ぴったりサービスはそのサービスの1つ。

巻頭特集 2

チャート

使いたいサービスをチェックしてみよう

介護保険で受けられるサービスはたくさんあります。
どんなものがあるのか、自分たちの希望から確認してみましょう。

自宅に来てもらいサービスを受けたい

自宅から通ってサービスを受けたい

介護保険の施設に入所したい

- 介護老人福祉施設 132ページ
- 介護老人保健施設 134ページ
- 介護医療院 136ページ

有料老人ホームなどに入所してサービスを受けたい

- 特定施設入居者生活介護 142ページ

サービス	ページ	
訪問介護	96ページ	身の回りの介助をしてほしい
訪問入浴介護	100ページ	入浴の介助をしてほしい
定期巡回・随時対応型訪問介護看護	102ページ	24時間体制で介護をしてほしい
夜間対応型訪問介護	104ページ	深夜の介護をしてほしい
訪問看護	106ページ	医療的な処置もしてほしい
訪問リハビリテーション	108ページ	リハビリをしてほしい
居宅療養管理指導	110ページ	在宅療養の管理・指導をしてほしい
通所介護	112ページ	
通所リハビリテーション	114ページ	リハビリを受けたい
認知症対応型通所介護	116ページ	認知症に対応した介護をしてほしい
短期入所生活介護	118ページ	短期間宿泊してサービスを受けたい
短期入所療養介護	118ページ	

注・この表のもの以外にもサービスあり（パート４参照）。介護保険サービスを受けるには、要介護認定を申請する必要がある。認定内容により、利用できないサービスもある。

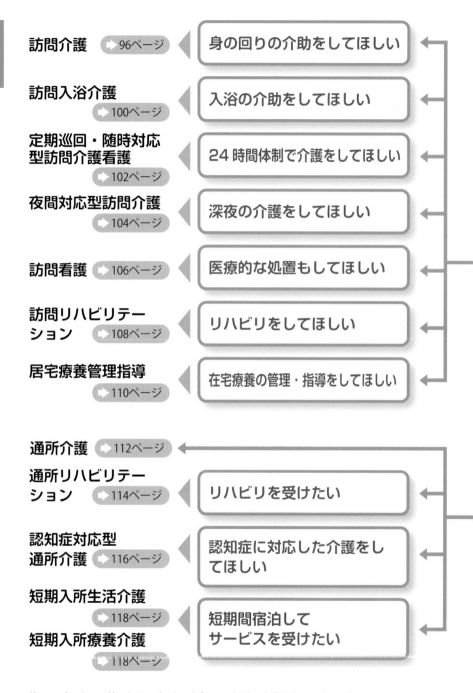

巻頭特集 3

介護保険 最初の疑問&ナビ

介護保険の利用にあたり、最初はわからないことばかりです。
よくある疑問に、簡単な回答とくわしくわかる本文への参照ページをつけました。

介護保険は誰でも使えますか？

介護保険サービスの対象は、原則として65歳以上の介護が必要な人です。65歳未満の人は特定の病気の場合に限られます。

パート1・26、58ページへ

どんなときに使えますか？

介護が必要になったとき、その手助けを受けられます。介護をされる人が、できるだけ自立した生活を送れるようにすることが目的です。

パート1・24、28ページへ

どんな手続きが必要ですか？

まずは、市区町村や地域包括支援センターに申請をして、要介護（要支援）認定を受けることが必要です。

パート2・40ページへ

「要介護状態」はどう決めるのですか？

市区町村の職員などによる訪問調査での一次判定、主治医の意見書に加え介護認定審査会（↓50ページ）による二次判定などから、7つの区分の要介護状態に判定されます。

パート2・50、54ページへ

ヘルパーなどは呼べばすぐ来てくれますか？

サービスを利用するには、要介護認定を受けた後、ケアプラン（居宅介護サービスの計画）をつくって事業者と契約する必要があります。

パート3・62ページへ

自宅でのケアプランはどうつくるのですか？

自宅で介護をする場合、居宅介護支援事業所のケアマネジャーという専門職に依頼します。市区町村や地域包括支援センターで配布しているリストから探します。

パート3・62ページへ

入院していても介護保険を使えますか？

入院して治療を受けている間は、介護保険を使えません。退院後に心身状況の変化がある場合は、要介護認定の区分変更の申請などをして介護の方針を検討しましょう。

パート2・40ページへ

どんな費用がかかりますか？

サービスごとに金額は異なりますが、そのうち基本として1割を負担します。施設を利用した場合、居住費や食費、日常生活費などもかかります。

パート1・30ページへ

認知症では、どんなサービスを受けられますか？

認知症対応型通所介護、認知症対応型共同生活介護、小規模多機能型居宅介護などを利用できます。有料老人ホームなどでも、認知症に対応しているところがあります。

パート4・116、146ページへ

有料老人ホームと特養の違いは何ですか？

有料老人ホームは主に民間企業が運営し、特養（介護老人福祉施設）は社会福祉法人や地方自治体が運営する、介護保険の公的な施設です。

パート4・130、138ページへ

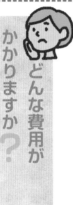

介護保険 上手な活用ポイント 7か条

1 しくみやサービスの知識を持つ

- サービスをしっかり活用するには制度の知識が必須。
- ケアプランを読んで、内容や方針を理解できるようにする。

2 ケアマネジャーと二人三脚

- 積極的にやりとりして良好な関係をつくる。
- 心身状況の改善をはかれる適切な事業所を紹介してもらう。

3 取り組みは「早め早め」で

- 要介護状態などが軽いうちに、介護予防サービスを利用して進行を防ぐ。
- 家族が早めに話し合い介護の方針を定めておけば、サービスを選びやすい。

4 サービスは介護する家族のためでもある

- 通所サービスなどの利用は、その間家族が休めるというのも目的の１つ。

5 サービスは必要なものを必要なだけ

- 目いっぱい使えばよいものではない。
- 機能訓練などの内容が明確で、心身状況の改善や負担軽減につながること。
- 「自立」のため、できることは本人がすることも必要。

6 介護保険以外のサービスにも目を配る

- 地域で行われている、介護保険以外の高齢者サービスにもアンテナを。

7 わからないことや悩みはすぐ相談

- ケアマネジャーのほか、市区町村や地域包括支援センターなど相談先を知っておく。
- 介護の悩みも抱え込まずに早く相談する。

いちばんわかりやすい最新介護保険　目次

巻頭特集

パート1

介護保険　最初に知っておきたい基本の基本

パート2

サービスを申請して認定を受ける

パート3
ケアプラン（介護の計画）を立てる

パート4

サービス全種類　簡単まとめ

パート5

介護と介護保険　プラスアルファの知識

巻末特集

介護保険のしくみと活用　もっと知りたい

本書の内容は、原則として令和6年5月現在の情報に基づいて作成しています。

パート 1

介護保険
最初に知っておきたい
基本の基本

介護保険を利用する前に、

最低限の制度の基本知識を身につけておきましょう。

パート1
基本の基本

介護保険は社会全体で介護を支えるしくみ

少子高齢化が進むなか、誰にとっても介護保険の知識は欠かせないものです。まずは制度の概要をつかんでおきましょう。

市区町村が運営している

介護保険とは、介護が必要になった高齢者やその家族を支えるため、その助けとなるサービスの給付を行う、公的なしくみです。

介護保険の運営は、市区町村が行います（保険者という）。**介護保険に加入するのは40歳以上の人で、保険料を納めます**（被保険者という）。

介護保険にかかる費用は、この被保険者が納める保険料に加え、国、都道府県、市区町村の公費（税金）でまかなわれています。

3年ごとに改正される

介護保険は、より充実したサービスを実現したり、高齢者の増加やふくらんでいく費用に対応するため、**3年に一度制度が見直されることになっています。**

これからの改正でも、持続可能なしくみづくりのため、さまざまな見直しが行われるでしょう。費用負担が増えることも考えられます。こうした制度の変化にも注目です。

ひとくちメモ

日本は「超」高齢社会

WHO（世界保健機関）では、総人口のうち65歳以上が占める割合が21％を超える社会を、超高齢社会としています。日本はすでに「4人に1人が高齢者」という超高齢社会です。一方で少子化も進んでいます。

平均寿命ものび、社会全体にかかる医療や介護の負担は、今後ますます大きくなると予想されます。

介護保険のしくみ

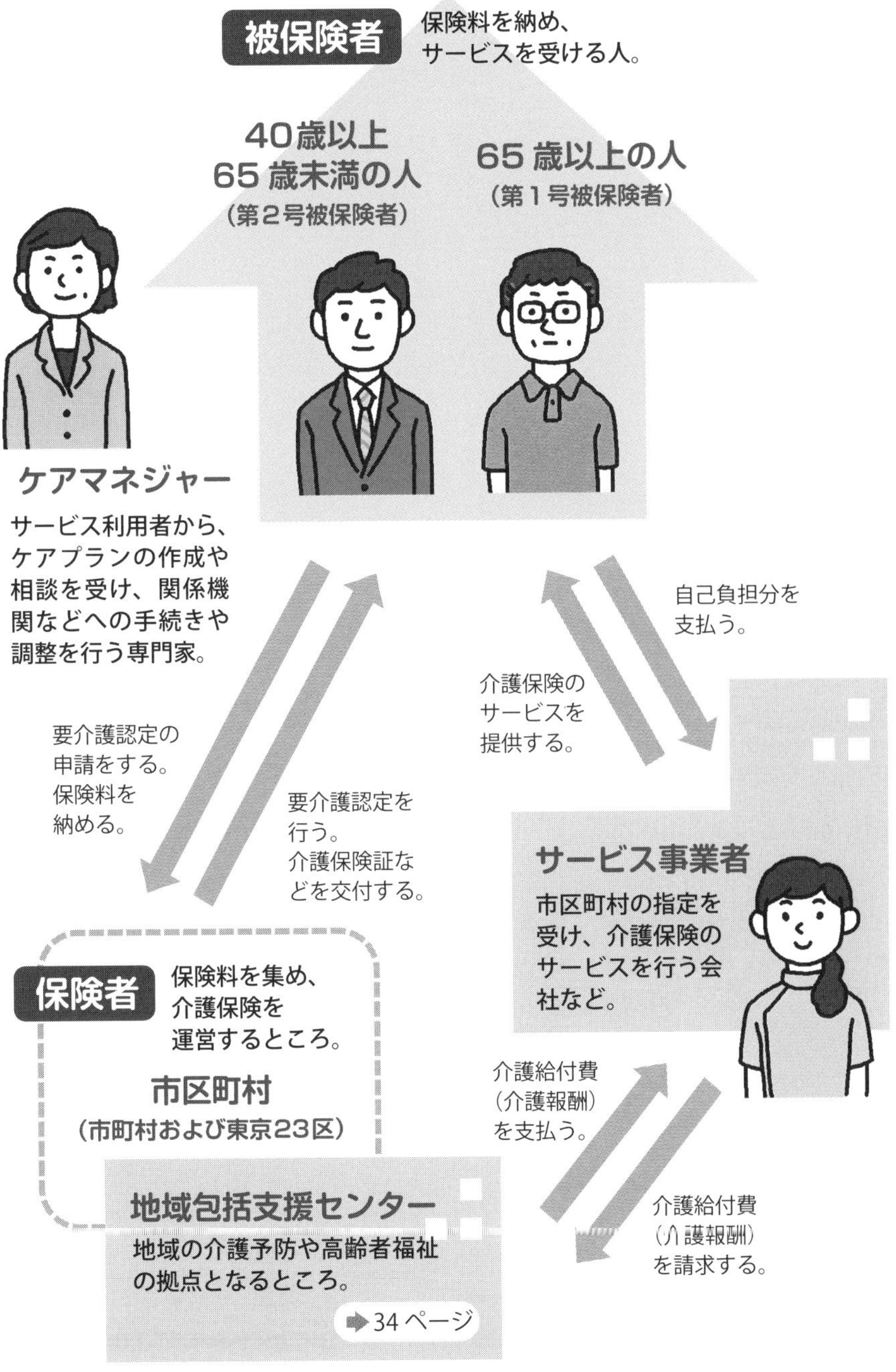
被保険者
保険料を納め、サービスを受ける人。
40歳以上65歳未満の人
（第2号被保険者）
65歳以上の人
（第1号被保険者）
ケアマネジャー
サービス利用者から、ケアプランの作成や相談を受け、関係機関などへの手続きや調整を行う専門家。
要介護認定の申請をする。保険料を納める。
要介護認定を行う。介護保険証などを交付する。
自己負担分を支払う。
介護保険のサービスを提供する。
サービス事業者
市区町村の指定を受け、介護保険のサービスを行う会社など。
保険者
保険料を集め、介護保険を運営するところ。
市区町村
（市町村および東京23区）
地域包括支援センター
地域の介護予防や高齢者福祉の拠点となるところ。
34ページ
介護給付費（介護報酬）を支払う。
介護給付費（介護報酬）を請求する。

被保険者は年齢で2タイプに分かれる

介護保険の対象は国民すべてではありません。40歳以上の人たちが被保険者となって、高齢者の介護を支えています。

40歳になったら保険料を納める

介護保険の加入者を**被保険者**といい、介護保険料を納めます。健康保険などの公的医療保険と同様、強制加入です。

65歳以上の第1号被保険者と、40歳以上65歳未満の第2号被保険者に分かれます。

第2号被保険者は40歳になった月（誕生日の前日のある月）、第1号被保険者は65歳になった月（誕生日の前日のある月）に被保険者となります。この月から保険料を納めます。新規の資格取得では、手続きや届け出が不要です。

サービスの対象は原則65歳以上

第1号被保険者になると、必要な場合に介護保険のサービス（保険給付）を受けられます。第2号被保険者は、**特定疾病**の場合のみサービスを受けられます（→58ページ）。

原則として、**住んでいる市区町村で被保険者となり、その市区町村のサービスを受けます。**ただし、他地域の介護保険施設などへの入所では、自宅のある市区町村の被保険者のまま、サービスを受ける場合もあります（住所地特例→１３２ページ）。

ひとくちメモ

転居時の被保険者資格に注意

介護保険は市区町村で被保険者となるため、転居すると、その住所での被保険者資格を喪失し、新しい住所で取得し直すことになります。この手続きは、通常転出届、

被保険者の区別を理解しよう

第1号被保険者

➡ 65歳以上の人

第2号被保険者

➡ 40歳以上65歳未満の人

注意！

扶養されている配偶者は、第1号被保険者になると保険料を納める。

保険料

第1号被保険者：
- 市区町村に納める（保険料額は所得により異なる）。

  納付方法→年金額が年18万円以上なら年金から天引き（特別徴収）。

第2号被保険者：
- 加入している公的医療保険（健康保険や国民健康保険など）に納める（保険料額は所得により異なる）。

  納付方法→公的医療保険料に上乗せ（会社員なら給与などから天引き）。

給付

第1号被保険者：
- 介護や日常生活の支援が必要な場合、申請により介護給付や予防給付を受けられる。

第2号被保険者：
- 加齢が原因の特定の病気など（特定疾病）の場合のみ、必要な給付を受けられる。

転入届の提出で代用されます。

　ただし、要介護または要支援認定を受けている人が市区町村を越えて住所を変更する場合は、新しい市区町村に「介護保険受給資格証明書」の提出が必要です。

要介護（要支援）認定を受けている人の住所変更

転出時
- 元の市区町村に、介護保険受給資格証明書を発行してもらう。
- 介護保険証を返却する*。

▼

転入時
- 新しい市区町村に、転出時にもらった介護保険受給資格証明書を提出する。
- 新しい介護保険証が発行される。

ポイント 転入時の手続きは転入から14日以内。

*郵送または直接。負担割合証（→31ページ）も一緒に返却する。

介護保険のサービスにはたくさんの種類がある

介護保険では、介護する人／される人にとって必要なサービスが数多く用意されています。しっかり活用しましょう。

自宅で受けるか、施設へ行くか

介護保険で受けられるサービスには、身体介護や生活援助（↓96ページ）など介護が必要な人の生活を支えるもののほか、医療的な手当てやリハビリなどもあります。介護に必要な福祉用具をそろえたり、介護のためのリフォーム費用にも使えます。

サービスは**自宅で受けるほか、自宅から通って受けたり、施設に入所して利用することもできます。**

また、その地域住民限定の「地域密着型サービス」（↓１０２ページ）もあります。

要介護状態により2つの給付がある

介護を必要としている要介護の人が受けられる介護保険サービスを、「介護給付」といいます。要介護よりも軽い要支援なら、進行を防いで自立を促す「予防給付」を受けられます。予防給付は介護給付にくらべ、施設サービスが使えない、使える金額（限度額）が少ないなど、やや限定的です。

その他、市区町村では寝具乾燥サービスや配食サービスなど、独自にサービスを設けていたり（横出し）、サービスの限度額を有利に設定している（上乗せ）こともあります。

要介護認定の結果、**要支援や要介護に該当しなかった人は、介護保険のサービスを利用できません。**

ただし、一般の高齢者に向けた介護予防のサービス事業（↓56ページ）を利用できる場合があります。

こんなサービスや保険給付を受けられる

第2号被保険者 ➡ 特定疾病の場合のみ（→ 58 ページ）、認定により保険給付を受けられる。

第1号被保険者 ➡ 要支援 1 ～ 2 と認定されると予防給付、要介護 1 ～ 5 と認定されると介護給付が受けられる（→ 54 ページ）。

例

自宅で受けるサービス

自宅での食事や排泄、入浴、歩行、通院などの介助。

自宅での（利用者のための）掃除、洗濯、調理、買い物など。

自宅での健康状態チェック・管理・指導、点滴やたんの吸引など。

自宅から通って受けるサービス

自宅からデイサービスセンターに送迎してもらい受ける、介護やリハビリ、レクリエーションなど。

介護環境を整える

自宅介護のための住宅改修費用。
福祉用具のレンタルや購入の費用。

施設に入所して利用するサービス

施設に入所して受ける、介護やリハビリ、療養管理、レクリエーションなど。

ポイント

受けられるサービスの範囲などは、要介護認定（→ 55 ページ）の結果で決まる。また、市区町村による違いもある。

サービスにかかる費用には自己負担がある

介護保険のサービスを受けた場合、利用者の負担額は費用の1〜3割です。負担額には上限も設けられています。

自分の自己負担割合を確認しておく

介護保険のサービスには利用料を支払いますが、**利用者が負担するのは1割が基本です。一定以上の所得がある場合（世帯の65歳以上の人数により異なる）は、2割または3割負担となります。**

要介護（要支援）認定を受けると、自己負担割合が記載された「負担割合証」（→左ページ）が、市区町村から送られてきます。

支払いは、**サービス利用時に自己負担分を支払えばOKです**（現物給付）。ただし、福祉用具の購入費、住宅改修費など、いったん全額を支払い、請求により後日自己負担分以外が払い戻されるサービスもあります（**償還《しょうかん》払い**）。

施設で受けるサービスでは、利用料以外に実費（日常生活費や食費など）も負担します。

使えるサービスには金額の上限がある

なお**要介護状態により、上記の自己負担で利用できる額が決まっています**（支給限度額→94ページ）。この限度額を超えた分は全額自己負担です。そのため、支給限度額を考慮した介護の計画（ケアプラン→62ページ）を立てることが必要です。

所得により自己負担割合が変わる（65歳以上）

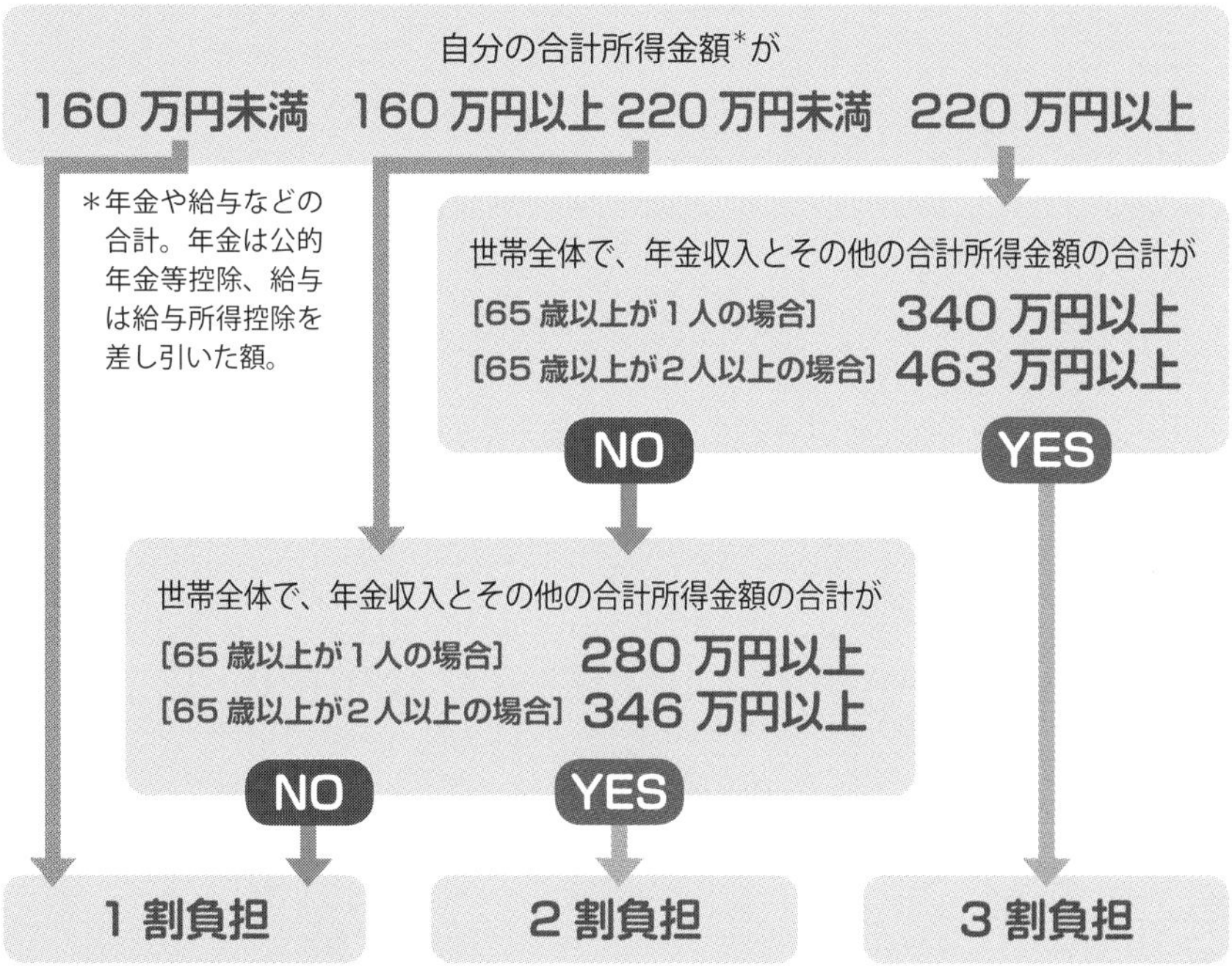

注・市区町村民税非課税、生活保護受給者は上記によらず1割負担。

負担割合証の例

介護保険サービスを利用するとき、介護保険証と一緒にサービス事業者や施設に提出する。

要介護認定時の負担割合とその適用期間が記載されている。

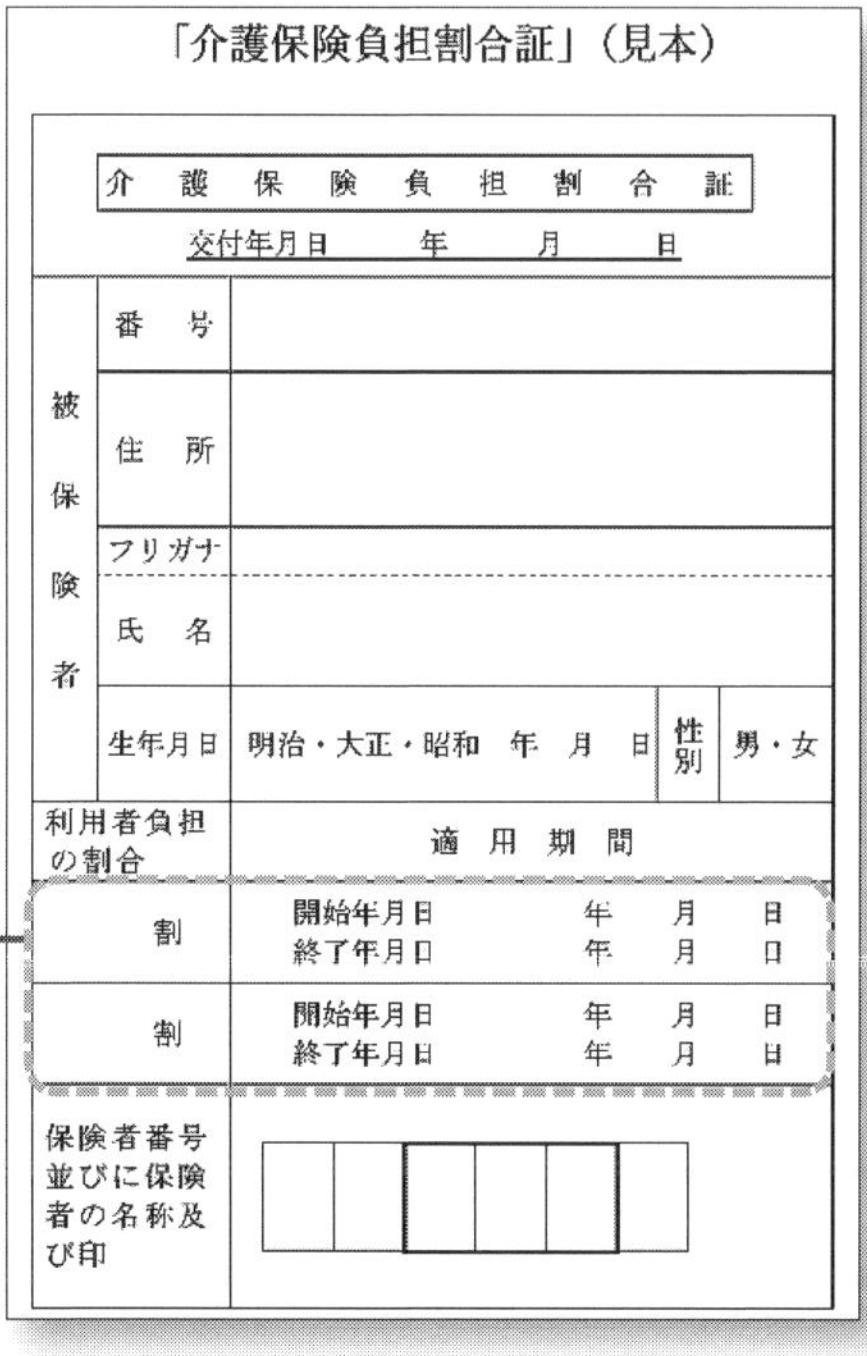
「介護保険負担割合証」（見本）

介護保険負担割合証
交付年月日　年　月　日

被保険者	番号	
	住所	
	フリガナ	
	氏名	
	生年月日	明治・大正・昭和　年　月　日　性別　男・女
利用者負担の割合		適用期間
割		開始年月日　年　月　日 終了年月日　年　月　日
割		開始年月日　年　月　日 終了年月日　年　月　日
保険者番号並びに保険者の名称及び印		

自己負担にはさらに上限額がある

申請すれば払い戻される

介護サービスの自己負担は1割が基本ですが、それでも利用者の負担が大きくなりすぎることがあります。そこで**自己負担には、月ごとに上限が設けられています**。

この上限を超えた分は、申請により「高額介護サービス費（または高額介護予防サービス費）」として払い戻されます。

上限の額は、利用者本人または同じ世帯の人の所得により設定されています。

市区町村に申請書を提出する

自己負担額が上限を超えた該当者には、市区町村からその旨を知らせる書類（高額介護サービス費支給申請書）が届きます。

これに必要事項を記入して、市区町村に提出すると払い戻しが受けられます。一度申請すると、それ以後は**自動的に高額介護サービス費が計算されて、申請時に指定した口座に振り込まれるようになります**。

なお、振り込みには1～2か月かかる場合もあります。

医療費とも合算できる

1年間にかかった介護サービス費と医療費（公的医療保険の本人負担分）との合算による上限もあります（高額医療・高額介護合算制度）。

世帯内で8月～翌年7月の介護サービス費と医療費の負担分を合計して、＊負担限度額を超えた場合、申請により超えた分が払い戻されます。

ただし、夫が後期高齢者医療制度、妻が国民健康保険など、同じ世帯でも異なる公的医療保険の場合、合わせることができません。

＊高額介護サービス費や医療費の高額療養費の支給を受けられる場合は、その分を除く。

1か月の自己負担には上限がある（高額介護サービス費）

1か月ごとに、世帯の利用者負担額を合計

	上限額
課税所得 690 万円以上	世帯合計で 14 万 100 円
課税所得 380 万円〜 690 万円未満	世帯合計で 9 万 3000 円
課税所得 380 万円未満（住民税課税世帯）	世帯合計で 4 万 4400 円
世帯全員が住民税非課税	世帯合計で 2 万 4600 円
ただし、年金収入とその他の合計所得金額の合計が 80 万円以下の人など	個人で 1 万 5000 円

この金額を超えると、その分は払い戻される。

＊生活保護の受給者は、世帯で 1 万 5000 円。

医療と介護の負担合計にも上限がある（高額医療・高額介護合算制度）

70歳未満

所得区分*1（世帯合計）	上限額（世帯）
901 万円超	212 万円
600 万円超 901 万円以下	141 万円
210 万円超 600 万円以下	67 万円
210 万円以下	60 万円
住民税非課税	34 万円

＊1　基礎控除後の総所得金額等。

注・合計できるのは、後期高齢者医療制度、国民健康保険、健康保険など、同じ公的医療保険のみ。

70歳以上

所得区分*2（世帯合計）	上限額（世帯）
690 万円以上*3	212 万円
380 万円以上 690 万円未満	141 万円
145 万円以上 380 万円未満	67 万円
一般	56 万円
低所得者（住民税非課税）	31 万円*4

＊2　所得控除後の課税所得金額。
＊3　公的医療保険の自己負担が 3 割。
＊4　世帯全員の収入から控除額等を差し引くと所得がない場合 19 万円。

最寄りの「地域包括支援センター」へ行こう

介護保険の利用を考えるときは、身近な窓口に相談しましょう。市区町村の窓口のほか、地域包括支援センターを利用できます。

相談しながら手続きを進める

介護保険のサービスを利用するには、市区町村に申請して認定を受けた上で、ケアプランという介護の計画を作成、サービスを行う事業者と契約することが必要です。介護保険証があれば、すぐにサービスを受けられるというわけではないのです。

申請先や手続きの方法など、**地域包括支援センターまたは市区町村の介護保険課に相談することが、サービス利用の第一歩です。**いざというときのため、最寄りの地域包括支援センターの場所を知っておきましょう。

高齢者がその町で快適に暮らせるように

地域包括支援センター（名称は地域により異なる）とは、地域の高齢者の保健、福祉、医療などに対応する拠点としてつくられた機関です。

主任ケアマネジャー、社会福祉士、保健師などが常駐して、高齢者やその家族の、介護をはじめさまざまな相談に対応しています。各市区町村に1か所以上あり、10か所以上設けているところもあります。

介護予防に力を入れている

地域包括支援センターの大きな役割に「介護予防マネジメント」があります。要支援（→54ページ）と認定された人や、今後介護が必要になりそうな人に支援を行うものです。

その他、左ページのような活動をしています。

地域包括支援センターの役割

高齢者の

保健 福祉 医療 などに対応するため、

専門の職員が配置されている

その他の相談窓口として、市区町村の介護保険課、病院の医療連携室、地域の民生委員などがある。

主任ケアマネジャー

主任介護支援専門員。ケアマネジャーの支援などを行う介護のエキスパート。

保健師

高齢者の健康や体調管理のサポートなど、保健指導を行う。

社会福祉士

日常生活に支障のある高齢者に、助言や指導を行う。

こんな業務を行っている

高齢者の総合相談窓口

高齢者の生活や介護、医療などについて相談を受ける。相談内容に応じて、専門機関の紹介なども行う。

介護予防を支援する

要支援の人のためのケアプランを作成し、必要な支援を行う。介護予防サービスを推進する。

高齢者の安全・安心を守る

高齢者の人権や財産を守り、虐待防止や悪質商法被害の早期発見に努める。こうした知識を広げる活動を行う。

高齢者ケア体制を整える

地域の介護、医療、福祉関係機関の連携をはかり、協力体制をつくる。地域のケアマネジャーから相談などを受ける。

介護保険手続きにはマイナンバーが必要

介護保険の申請などの手続きで押さえておきたいのが「マイナンバー」の扱いです。まだこれからの制度なので要注意です。

制度の基本を知っておく

マイナンバー制度は、国民すべてにマイナンバー（個人番号）を割りふり、年金や医療、税金などの行政手続きを効率化するしくみです。

介護保険の申請書類（要介護・要支援認定申請書、高額介護〈介護予防〉サービス費支給申請書）などにも、マイナンバーが必要です。

このとき、マイナンバーの記入とともに、その番号が正しいという証明（**番号確認**）と、申請者がそのマイナンバーの持ち主である証明（**身元確認**）を求められます。

なお、マイナンバーが記入されていないからといって、受けつけてもらえないわけではありません。

マイナンバーの注意点

マイナンバーは重要な個人情報です。簡単に他人に教えてはいけません。マイナンバーカードの、紛失や盗難にも十分注意します。

ひとくちメモ

その他、マイナンバーが必要な場合とは？

その他、確定申告書や相続税・贈与税の申告書といった税金関連書類、雇用保険の基本手当受給手続きといった労働保険関連書類、年金や健康保険関連書類などで、マイナンバーが必要になります。

マイナンバーカードがなければ、本人確認や身元確認が求められます（左ページ）。

ただし、同じ分野の書類でもマイナンバーの要不要や取り扱いが異なる場合があるため、事前によく確認を。

マイナンバーを記入する主な介護保険関連書類

- 居宅サービス計画作成依頼届出書 ➡66ページ
- 要介護・要支援認定申請書 ➡44ページ
- 高額介護（介護予防）サービス費支給申請書
- 高額介護合算療養費等支給申請書
- 負担限度額認定申請書
- 被保険者証等再交付申請書

注・書類の名称は、市区町村により多少異なる。

マイナンバー記入にともなう本人確認のポイント

本人が手続きをする場合

マイナンバーカードを持っている

□ マイナンバーカードの提示、郵送ならカード両面のコピーの添付。

マイナンバーカードを持っていない

1 番号確認

□ 通知カード*または個人番号記載の住民票の写し。

2 本人の身元確認

□ 顔写真つきの公的書類等なら次から１点。

➡ 運転免許証（運転経歴証明書）、パスポート、身体障害者手帳、介護支援専門員証など

□ 顔写真のない公的書類等なら次から２点。

➡ 介護保険証、負担割合証、負担限度額認定証、健康保険証（後期高齢者医療被保険者証）、年金手帳など

ケアマネジャーなど代理人が申請する場合

□ 本人の確認書類（上記「本人が手続きをする場合」と同じ）。

□ 代理人の身元確認書類（顔写真つきなら１点、顔写真がないものなら２点→上記「2 本人の身元確認」と同じ）。

□ 委任状など（代理人の資格を確認する書類）。

＊通知カードは、氏名や住所の記載が住民票と同じなら、本人確認書類として使用できる。

コラム

「自立」を支援して「自律」をめざす

介護保険は単なる身の回りの世話ではない。

介護保険のサービスに対する考え方に「自立支援」があります。本人のできることは本人にしてもらって、自立した生活を維持できるようサポートするということです。

利用者側も、介護スタッフに頼りすぎない心がまえが大切です。

最終的には自律をめざす

さらに介護保険では、それぞれの人の「自律した生活」を目的としています。自律とは、本人が自分の価値観や意思で物事を決定し、行動できることです。

そのためには、介護と医療の連携など、地域全体で要介護者を支えるしくみも必要です。

自立から自律へ

介護保険の適切な活用
家族のサポート
自立
=
自分の力で
生活する
自律
=
自分の価値観で
物事を決定し、
行動する
自分でできることは自分で。
できることを増やし、
生活の質を向上させる。

申請手続き

パート2

サービスを申請して認定を受ける

介護保険のサービスを利用するには、
最初に市区町村への申請が必要です。

申請からサービス開始までの流れを確認

介護保険のサービスを受けるには、申請手続きが必要です。その手順とポイントを確認しておきましょう。

介護保険サービスを受けるための**要介護認定の申請は、「要介護・要支援認定申請書」（↓44ページ）を、市区町村に提出することで行います。**

申請後に調査・審査を受けて、サービスが必要であることが認められなければなりません。その後サービス利用までは、左ページの手順をふむことになります。

申請の前に、地域包括支援センターや市区町村の介護保険担当窓口などに相談してみましょう。「基本チェックリスト」（↓42ページ）の質問に答えることで、おおよその介護の必要性などを確認できます。

ひとくちメモ

認定前でもサービスを利用できる

急なケガや病気で至急介護が必要な場合などは、要介護認定手続き中であっても、サービスを受けることができます。

認定後、要介護状態により、申請時までさかのぼって介護保険が適用されます。利用したサービスが適用外となった場合は、全額自己負担となります。

介護保険サービスを受けるまでの流れ

あきらかに介護が必要な状態、また本人や家族の希望などがある場合。

市区町村の担当窓口や地域包括支援センターに相談する

↓

基本チェックリストの質問に答える

➡42ページ

- 回答内容などにより、申請するかどうかを決める。

▶ **一定の基準に当てはまると、総合事業によるサービスを受けられる（→56ページ）。**

要介護認定の申請をする ➡44ページ

- 市区町村に「要介護・要支援認定申請書」と介護保険証を提出する。

認定調査・認定審査が行われる

- 市区町村の調査員が自宅を訪れ、訪問調査が行われる（→46ページ）。
- 主治医などから、「主治医の意見書」が提出される。
- 一次判定（コンピュータ判定）、二次判定（介護認定審査会）により、介護の必要性（要介護状態区分）が判定される（→50ページ）。

判定内容が通知される

- 申請してから約1か月かかる（原則）。
- 要支援1、2、要介護1～5、非該当（自立）のいずれか（→54ページ）。

▶ **非該当（自立）の場合は、総合事業によるサービスを受けられる。**

約1か月（原則）

ケアプランをつくる ➡62ページ

- ケアマネジャーを選び、ケアプラン作成を依頼する。

▶ **要支援の場合は、介護予防ケアプランを地域包括支援センター*がつくる。**

＊または地域包括支援センターから委託された居宅介護支援事業所。

サービス事業者などと契約を結ぶ ➡82ページ

- サービス事業者を選ぶ。

介護保険のサービスを受ける

チェック

25項目の「基本チェックリスト」に答える

このリストで、その人の心身の状態がチェックされます。

基本チェックリストとは、要介護状態となるおそれについて、25の項目によって確認するものです。必ず本人が回答します。

これにより、要介護認定を申請するかどうかを検討します（利用者や家族が希望する場合などは、チェックリストによらず申請できる）。

回答などが一定基準に該当すれば、介護保険のサービスが受けられなくても、「介護予防・生活支援サービス事業」（→56ページ）を受けられます。

注・市区町村により、名称や体裁は異なる場合あり（内容は共通）。

回答で確認されるポイント

- 日常生活で必要なことは十分行えているか？
- 運動能力や筋肉が衰えていないか？
- 適切な体重を維持できているか？
- 噛んだり飲み込んだりする力が弱ってないか？
- 閉じこもりがちではないか？
- 認知症のおそれはないか？
- うつのおそれはないか？

基本チェックリストの例

基本チェックリスト（厚生労働省作成）

	No	質問項目	回答		得点
暮らしぶりその1	1	バスや電車で1人で外出していますか	0. はい	1. いいえ	
	2	日用品の買い物をしていますか	0. はい	1. いいえ	
	3	預貯金の出し入れをしていますか	0. はい	1. いいえ	
	4	友人の家を訪ねていますか	0. はい	1. いいえ	
	5	家族や友人の相談にのっていますか	0. はい	1. いいえ	
			No. 1～5の合計		
運動器関係	6	階段を手すりや壁をつたわらずに昇っていますか	0. はい	1. いいえ	
	7	椅子に座った状態から何もつかまらずに立ち上がってますか	0. はい	1. いいえ	
	8	15分間位続けて歩いていますか	0. はい	1. いいえ	
	9	この1年間に転んだことがありますか	1. はい	0. いいえ	
	10	転倒に対する不安は大きいですか	1. はい	0. いいえ	
			No. 6～10の合計		
栄養・口腔機能等の関係	11	6ヶ月間で2～3kg以上の体重減少はありましたか	1. はい	0. いいえ	
	12	身長（　　cm）　体重（　　kg）　（＊BMI 18. 5未満なら該当） ＊BMI（＝体重(kg)÷身長(m)÷身長(m)）	1. はい	0. いいえ	
			No. 11～12の合計		
	13	半年前に比べて堅いものが食べにくくなりましたか	1. はい	0. いいえ	
	14	お茶や汁物等でむせることがありますか	1. はい	0. いいえ	
	15	口の渇きが気になりますか	1. はい	0. いいえ	
			No. 13～15の合計		
暮らしぶりその2	16	週に1回以上は外出していますか	0. はい	1. いいえ	
	17	昨年と比べて外出の回数が減っていますか	1. はい	0. いいえ	
	18	周りの人から「いつも同じ事を聞く」などの物忘れがあると言われますか	1. はい	0. いいえ	
	19	自分で電話番号を調べて、電話をかけることをしていますか	0. はい	1. いいえ	
	20	今日が何月何日かわからない時がありますか	1. はい	0. いいえ	
			No. 18～20の合計		
			No. 1～20までの合計		
こころ	21	（ここ2週間）毎日の生活に充実感がない	1. はい	0. いいえ	
	22	（ここ2週間）これまで楽しんでやれていたことが楽しめなくなった	1. はい	0. いいえ	
	23	（ここ2週間）以前は楽にできていたことが今ではおっくうに感じられる	1. はい	0. いいえ	
	24	（ここ2週間）自分が役に立つ人間だと思えない	1. はい	0. いいえ	
	25	（ここ2週間）わけもなく疲れたような感じがする	1. はい	0. いいえ	
			No. 21～25の合計		

「1」を選んだ回答が次のいずれかなら、介護予防・生活支援サービス事業を受けられる。

- No 1～20の質問のうち10個以上
- No 6～10の質問のうち3個以上
- No 11、12の質問の両方
- No 13～15の質問のうち2個以上
- No 16に該当
- No 18～20のどれか
- No 21～25のうち2個以上

チェック

「要介護・要支援認定申請書」の記入ポイント

この書類と介護保険証を一緒に提出します。

要介護・要支援認定申請書は、要介護認定を申請するときに、必要事項を記入して、市区町村などに提出する書類です。

本人だけでなく、代行者（家族、ケアマネジャー、地域包括支援センター、成年後見人など）が提出することもできます。郵送もOKです。

申請時には、*介護保険証を一緒に提出します。申請中は、いったん「介護保険資格者証」（暫定被保険者証）が交付され、介護保険証の代わりとして使うことができます。

＊第２号被保険者は公的医療保険証を提出する。

被保険者について記入する

- 介護保険の被保険者番号（介護保険証から転記）。
- 氏名や生年月日、住所など。
- マイナンバー（本人確認が必要になる→36ページ）。

申請者について記入する

- 氏名など。住所や電話番号は、訪問調査の日時を決める連絡などで使われる。

提出を代行してもらう場合にその名称などを記入する

主治医について記入する（いない場合→50ページ）

- 医療機関名、氏名、診療科、所在地など。この医師に「主治医の意見書」が依頼される。

本人の氏名を記入する

- 関係機関や主治医に、申請や調査に関する内容を提供することに同意することになる。

要介護・要支援認定申請書の例と記入ポイント

※市区町村により文書名や体裁は異なる（下の書式は東京都調布市のもの）。

ポイント

申請書の書式や記入例など、ホームページからダウンロードできる市区町村もある。

第1号様式（第3条，第10条，第11条関係）

介護保険　要介護認定・要支援認定　申請書

○○市長　宛

次のとおり申請します。　　□新規・□更新・□変更・□介護・□転入

被保険者本人	介護保険被保険者番号	0 0 0 0 0 0 0 0 0 0 ×		個人番号	000000000000×
	医療保険	保険者名	○○後期高齢者医療連合	保険者番号	00000000
		被保険者証	記号　　番号 00000000	枝番	
	フリガナ	タカセ　レイコ		記入日	令和　○年　○月　○日
	氏　名	高瀬　令子		生年月日	昭和　○年　○月　○日
				性　別	女
	住　所（住民登録地）	〒182 － 0000 小島町○－○－○		電話番号	042（　000　）0000
	上記以外で現在生活している場所 ※該当する場合のみ記入	（入院・入所施設名等）			
		所在地		電話番号	（　　　）
	前回の要介護認定の結果等	※介護・変更・更新申請の場合のみ記入	なし ／ 非該当 ／ 要支援 1・2 ／ 要介護 1・2・3・4・5		
			有効期間　　年　　月　　日　から　　年　　月　　日　まで		
		※過去14日以内に他自治体から転入した場合のみ記入	●転出元自治体（区市町村）名［　　　　　］ ●現在，転出元自治体に要介護・要支援認定を申請中ですか。　はい ・ いいえ （既に認定結果通知を受け取っている場合は「いいえ」を選択してください。） 「はい」の場合　申請日　　年　　月　　日		
申請者等	申請者氏名	高瀬　雅子		本人との関係	子
	申請者住所	〒182 － 0000 小島町○－○－○		電話番号	042（　000　）0000
	提出代行者名称 ※該当に○	（地域包括支援センター・居宅介護支援事業者・指定介護老人福祉施設・介護老人保健施設・指定介護療養型医療施設・介護医療院）			
主治医	（フリガナ） 医療機関名	市原クリニック		（フリガナ） 主治医の氏名	市原公一
				診療科	
	所在地	〒182 － 0000　小島町○－○－○		電話番号	042（　000　）0000

※　第2号被保険者（40歳から64歳までの医療保険加入者）のみ記入

特定疾病名	

介護サービス計画の作成等介護保険事業の適切な運営のために必要があるときは，申請後認定に至るまでの進捗状況，要介護認定・要支援認定に係る調査内容，介護認定審査会による判定結果・意見及び主治医意見書を，調布市から地域包括支援センター，居宅介護支援事業者，居宅サービス事業者若しくは介護保険施設の関係人，入院・入所中の医療機関若しくは施設の関係人，主治医意見書を記載した医師，認定調査に従事した調査員又は家族等に提供することに同意します。

更新申請に限り，申請から30日以内に認定がされない場合，認定の有効期間内であれば延期通知の省略に同意します。

本人氏名　高瀬令子

※市記入欄	調査票	意見書	受理印

訪問調査に備えて整理しておくこと

申請後、本人の状態や生活のようすを直接確認するため、市区町村もしくは委託の調査員から、自宅で聞き取りを受けます。

自宅に市区町村などの調査員がやってくる

いつものようすを見てもらう

正確な要介護認定のため、**申請後、調査員が自宅を訪れて行う「訪問調査」を受けます**。入院している場合は、看護師などの立ち会いのもと、病院で受けることもできます。

事前に電話などで連絡を受け、日程を決めます。市区町村によっては、要介護・要支援認定申請書に希望日時を記入します。

本人の体調がよくなければ、日を変えてもらってもよいでしょう（いつもの状態を見てもらうため）。

伝えたいことはメモにしておくとよい

訪問調査の内容は、認定調査票（概況調査、基本調査、特記事項）にまとめられます（↓48ページ）。

調査に対して、「できないのにできる」と見栄をはったり、逆に悪く見せようと話を大げさにするのもNGです。伝えたいことは、メモにして整理しておけば言い忘れなどを防げます。

起き上がりや歩いているようすなどを実際に見せる場合、無理のない範囲で行いましょう。

事前に整理しておきたい注意ポイント

次のようなポイントは、あらかじめメモなどで整理しておくとよい。

□ 今までにかかった病気やケガはあるか？

病名 ＿＿＿＿＿＿＿＿ いつ（○年○月ごろ）＿＿＿＿＿＿＿＿

ケガの部位や程度 ＿＿＿＿＿＿＿＿ いつ（○年○月ごろ）＿＿＿＿＿＿＿＿

□ 現在行っている介護の内容は？（誰が、いつ、どのような）

- ＿＿＿＿＿＿＿＿＿＿＿＿＿＿＿＿
- ＿＿＿＿＿＿＿＿＿＿＿＿＿＿＿＿

□ 毎日の生活で困っていることは？（本人、家族）

- ＿＿＿＿＿＿＿＿＿＿＿＿＿＿＿＿
- ＿＿＿＿＿＿＿＿＿＿＿＿＿＿＿＿

□ 家族の状況（配偶者、子、きょうだいそれぞれの生活パターン、環境など）

- ＿＿＿＿＿＿＿＿＿＿＿＿＿＿＿＿
- ＿＿＿＿＿＿＿＿＿＿＿＿＿＿＿＿

□ 時間帯や季節による症状や問題（調査のときわからないもの）

- ＿＿＿＿＿＿＿＿＿＿＿＿＿＿＿＿
- ＿＿＿＿＿＿＿＿＿＿＿＿＿＿＿＿

ポイント

- 調査員は通常１人で原則１回。かかる時間は通常 30 分～１時間程度。
- 状況に応じて家族が同席する。
- 調査員が質問しながら認定調査票を作成する。

認定調査票は３つの調査票で構成される

※いずれも調査員が記入する。下は東京都新宿区の例（市区町村により体裁は多少異なる）。

概況調査

氏名、年齢、住所、現在受けているサービスなど。

調査は、調査対象者が通常の状態（調査可能な状態）であるときに実施して下さい。本人が風邪をひいて高熱を出している等、通常の状態でない場合は再調査を行って下さい。

保険者番号＿＿＿＿　被保険者番号＿＿＿＿＿

認定調査票（概況調査）

Ⅰ　調査実施者（記入者）

実施日時	令和　年　月　日	実施場所	自宅内 ・ 自宅外（　　　）
ふりがな 記入者氏名		所属機関	

Ⅱ　調査対象者

過去の認定	初回・２回め以降 （前回認定　年　月　日）	前回認定結果	非該当・要支援（　）・要介護（　）		
ふりがな 対象者…		性別	男・女	生年月日	明治・大正・昭和 年　月　日（　歳）

基本調査

本人の心身の状況、特別な医療に関すること、生活機能に関すること。

認定調査（基本調査）

調査日＿年 月 日　　**保険者番号**＿＿＿＿＿　**被保険者番号**＿＿＿＿＿

1-1　麻痺等の有無について、あてはまる番号すべてに○印をつけてください。（複数回答可）

1. ない　2. 左上肢　3. 右上肢　4. 左下肢　5. 右下肢　6. その他（四肢の欠損）

1-2　関節の動く範囲の制限の有無について、あてはまる番号すべてに○印をつけてください。（複数回答可）

1. ない　2. 肩関節　3. 股関節　4. 膝関節　5. その他（四肢の欠損）

1-3　寝返りについて、あてはまる番号に一つだけ○印をつけてください。

1. つかまらないでできる　2. 何かにつかまればできる　3. できない

1-4　起き上がりに…つだけ○印をつけてください。

…3. できない

特記事項

基本調査で調査員が判断に困ったことや、追記した内容。
特に、基本調査の項目以外で困っていることなどが記入される。

2013　帳票ID　　対象者氏名

000＿＿＿＿＿＿＿　被保険者番号

201＿＿＿＿＿　認定申請年月日

＿＿　＿　申請区分

認定調査票（特記事項）　調査日　年　月　日　保険者番号 131045

1　1 麻痺等の有無，2 拘縮の有無，3 寝返り，4 起き上がり，5 座位保持，6 両足での立位，7 歩行，8 立ち上がり，9 片足での立位，10 洗身，11 つめ切り，12 視力，13 聴力

（　　）
（　　）
（　　）
（　　）
（　　）
（　　）
（　　）

2　1 移乗，2 移動，… 8 洗顔，9 整髪，10 上衣の着脱，11 ズボン等の着脱，

認定調査を受けるときのポイント

基本調査で聞かれる主な項目

身体機能や動作について
・起居、歩行、視力・聴力など。

生活機能について
・食事摂取、排泄、入浴、更衣など。

認知機能について
・認知症、徘徊など。

気持ちや行動について
・認知症の周辺症状。

社会生活について
・お金の管理や買い物、
人間関係など。

過去 14 日間に受けた
医療行為について
・点滴や経管栄養など。

ここに注意！

1 基本的に本人が答える

- できるだけ家族は割り込まない。先回りして答えない。

2 家族が立ち会う

- 本人の回答が実際の通りでない場合、後で調査員に伝える（その場で否定しない）。
- 本人の前で言いづらいことは、メモにして渡すのもよい。

3 YES、NOだけで答えない

- 「はい」「いいえ」「できる」「できない」だけでなく、「○○のとき△△のため、□□部分が痛む」など具体的に伝える。
- 質問内容になくても、困っていることなどは伝える。

4 ありのままを伝える

- 遠慮してひかえめに伝えたり、オーバーに話したりしない。
- 服装や部屋の状態なども、できるだけいつもの通りにする。

要介護の判定は2ステップで行われる

訪問調査の後、介護保険の対象かどうか審査されます。申請から約1か月かかりますが、さらに日数がかかることもあります。

介護認定審査会が最終判定を行う

要介護状態の判定は、客観的で公平に行うため、**一次判定と二次判定の2ステップとなっています。**

一次判定では、訪問調査でつくられた認定調査票（基本調査）をコンピュータで処理します。

一次判定の結果に、主治医の意見書、認定調査票の特記事項を加え、保健・医療・福祉の専門家で構成された、市区町村の**介護認定審査会によって、最終的な審査・判定が行われます**（二次判定）。

申請後、原則として約1か月かかる

申請から原則約1か月（意見書作成や認定調査の状況により、さらに日数がかかる場合あり）で、認定結果通知書が送られてきます。

認定が要支援1、2は予防給付、要介護1～5は介護給付を受けられます。非該当（自立）なら、介護保険サービスの対象外です（↓54ページ）。

ひとくちメモ

「主治医の意見書」が必要になる

二次判定の際に活用される主治医の意見書とは、要介護申請した人の状態について、主治医が意見をまとめた書類です。

要介護・要支援認定申請書に記入する、主治医に関する情報により、市区町村が作成を依頼します。あらためて診察が行われることもあります。

主治医がいない場合は、市区町村に紹介してもらえます。また、意見書の作成費用は、市区町村が負担します。

判定はこのように行われる

一次判定

コンピュータで行われる

- 主に認定調査（基本調査）による。

ポイント

要介護認定は症状の重さではなく、介護にかかる手間（必要性）で判断される。

二次判定

介護認定審査会が審査・判定を行う

- 一次判定の結果＋主治医の意見書＋認定調査の特記事項による。
- 一次判定が妥当かどうかも判断される。

認定結果の通知

- 認定結果通知書が交付される。

認定結果通知書の例

介護保険　要介護認定・要支援認定結果通知書

文書番号
令和　年　月　日

○○　○○　様

○○市（町村）長　印

令和○年○月○日にあなたが行った要介護認定・要支援認定の申請について、介護認定審査会において以下のとおり審査判定されましたので、認定し通知します。

被保険者番号		被保険者氏名	
判定結果			
＊判定年月日			

（＊決定年月日としても差し支えない。）

理由	
認定審査会の意見・サービスの種類の指定	
認定の有効期限	

・認定の有効期間の満了後においても要介護・要支援状態に該当する 見込まれるときは、認定の有効期間の満了日の60日前から認定の
・認定の有効期間であっても、心身の
・サービスの種類の指定を受けた場合
該サービス種類の指定にかかるサービス種類の変更申請を行うことができます。

問い合わ
○○市 町村）介護保険課　　住所　電話番号

不服の申立て
この決定に不服がある場合には、この通知書を受け取った日の翌日から起算して60日以内に、○○県介護保険審査会に対して審査請求をすることが可能です。
住所　電話番号

いずれかが記載されている

ポイント

通知書には、要介護状態区分などが記載された、介護保険証が同封されている（→52ページ）。

要支援1、2　**要介護1～5**　**非該当**（自立）

チェック

介護保険証の確認ポイント

介護保険のサービスを受けるときの必須書類です。

1面

被保険者番号

- 公的医療保険の番号とは異なる。

住所、氏名（フリガナ）、性別、生年月日

- 間違いがないか要確認。

交付年月日

- 更新ごとに、この日付も変わる。

2面

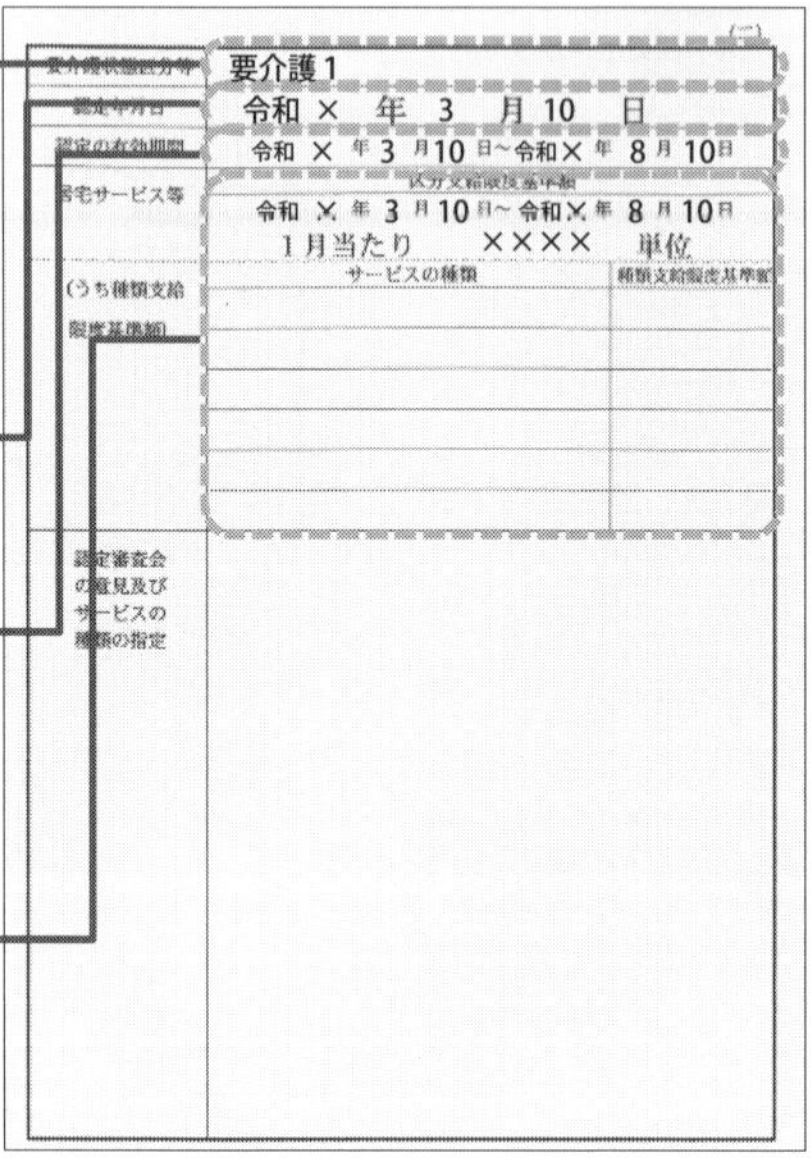

要介護状態区分（要介護度）

- 要支援１、２、要介護１～５のいずれかが記載される。

認定年月日

- 申請した日となる。

認定の有効期間

- この期間が終了する前に更新手続きなどが必要。

支給限度額

- １割負担などが適用される、１か月当たりの上限額。

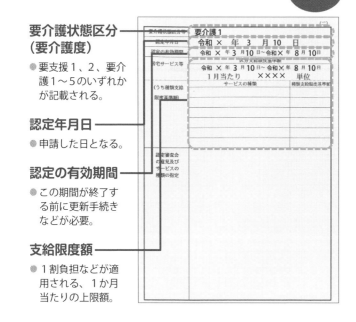

介護保険証の見方

※1～3面は、横長の1枚の用紙となっている。紙の色が市区町村により異なる。

保険料の滞納などによる給付制限の内容が記載される。

ケアプラン作成を依頼した居宅介護支援事業者（所）の名称。

3面

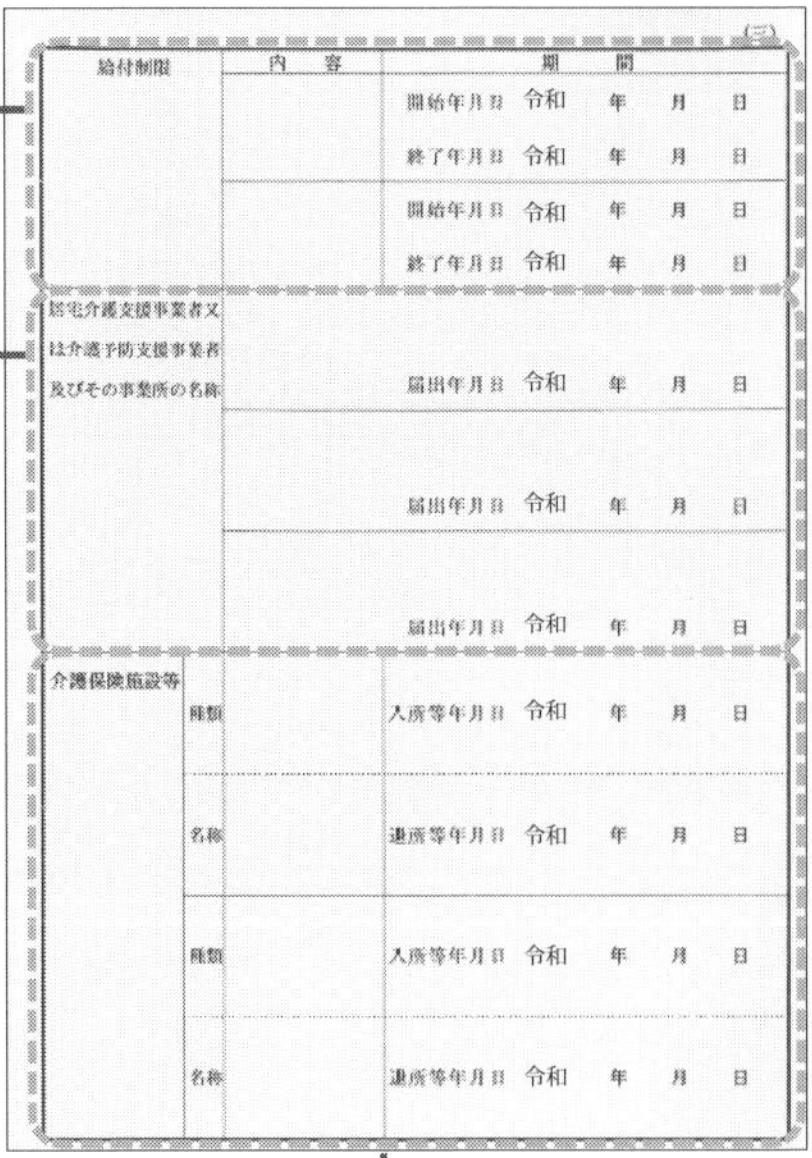
給付制限 / 内容 / 期間
開始年月日 令和 年 月 日
終了年月日 令和 年 月 日
開始年月日 令和 年 月 日
終了年月日 令和 年 月 日
居宅介護支援事業者又は介護予防支援事業者及びその事業所の名称
届出年月日 令和 年 月 日
届出年月日 令和 年 月 日
届出年月日 令和 年 月 日
介護保険施設等
種類 入所等年月日 令和 年 月 日
名称 退所等年月日 令和 年 月 日
種類 入所等年月日 令和 年 月 日
名称 退所等年月日 令和 年 月 日

施設サービス利用の場合、その施設が記入する。

介護保険証はこんなときに使う

- **要介護認定の申請をするとき**
  ➡ 市区町村に提出
- **ケアプランの作成依頼を届け出るとき**
  ➡ 市区町村に提出
- **介護保険のサービスを利用するとき**
  ➡ サービス事業者などに提示
- **償還払いや高額介護サービス費の申請など、保険給付を受けようとするとき**
  ➡ 市区町村に提出

介護保険証（介護保険被保険者証）は、65歳（第1号被保険者）になると、市区町村から郵送で交付されます。1面、2面、3面に記載されている内容に間違いがないか、確認しておきましょう。

介護保険証は、要介護認定を申請するときに提出します。認定の通知の際、要介護状態区分などが記載され、あらためて交付されます。

紛失したり、毀損したときは、市区町村に再交付の申請をします。本人や同居の家族が直接申請すれば、その場で再交付されます。

このとき、マイナンバーも必要です（↓36ページ）。

要介護状態には7つの段階がある

認定の結果、要介護状態がどの区分になるかにより、利用できるサービスの金額（限度額）などが変わります。

段階により給付の中身が変わる

段階が進むほど、サービスに利用できる金額（支給限度額）が多くなる。

要支援2
要支援1よりやや日常生活の能力が低下。一定の支援が必要。

要支援1
日常生活はほぼ自分でできるが、家事の一部などに支援が必要。

非該当（自立）
日常生活に支援や介護を必要としない。

予防給付を受けられる（要支援1・2）

- 介護予防サービス ➡92ページ
- 地域密着型介護予防サービス ➡92ページ
- 総合事業 ➡56ページ

▼

地域包括支援センターで介護予防ケアプランなどをつくる。

介護給付、予防給付は受けられない（非該当）

⬇

総合事業を利用できる

- 介護予防・生活支援サービス事業 ➡56ページ
- 一般介護予防事業 ➡56ページ

▼

市区町村に問い合わせる。

申請
審査
判定
ケアプラン
契約
サービス開始

要介護5	要介護4	要介護3	要介護2	要介護1
日常生活など、身の回りの世話全般に介助が必要。読解力や理解力に問題がある。	食事や排泄、入浴などに全面的な介助が必要。読解力や理解力に問題がある。	食事や排泄、入浴などに多くの介助が必要。立ち上がりは自力でできない。	食事や排泄、入浴などに一部～多くの介助が必要。立ち上がりや歩行などに支えが必要。	日常生活や身の回りの世話などに一定の介助が必要。立ち上がりなどに支えが必要。

介護給付を受けられる

- 居宅介護サービス ➡92ページ
- 地域密着型サービス ➡102ページ
- 施設介護サービス ➡92ページ

ケアマネジャー（居宅介護支援事業者）を選び、ケアプランをつくる（→パート3）。

要介護認定を申請すると、審査により上図のいずれかに判定されることになります。受けられるサービスは、この段階によって決まります（**要介護状態区分**）。

この段階には要支援と要介護があり、7段階に分かれています。これより軽い場合は、非該当（自立）となり、介護保険の対象外です。

要支援とは、介護は必要としないが、要介護とならないよう支援が必要である状態です。1と2の2段階があります。

要介護とは、継続した一定の介護が必要な状態です。1から5までの5段階があります。

非該当（自立）でも受けられるサービスがある

要介護認定の結果、非該当となった人は、これからも要介護状態にならないためのサービスを受けられます。

介護保険以外のサービスがある

非該当（自立）と判定された場合には、介護保険のサービスは利用できません。

しかし、**市区町村では介護予防の観点から、自立した生活を続けていくために役立つサービスを実施しています。これを「総合事業（介護予防・日常生活支援総合事業）」といいます**（内容は市区町村により違いがある）。

要介護状態を遠ざけるために

総合事業には、「**介護予防・生活支援サービス事業**」「**一般介護予防事業**」の２つがあります。

介護予防・生活支援サービス事業は、非該当でも基本チェックリスト（→42ページ）の基準に該当すれば受けられます。一般介護予防事業は、その地域の65歳以上の人なら誰もが利用できます。こうしたサービスで要支援や要介護を遠ざけましょう。

ひとくちメモ

健康寿命をのばそう

健康寿命とは、「健康に問題がなく日常生活を送れる期間」をいいます。平均寿命と健康寿命の間には、男女とも約10年の開きがあります。長寿社会とはいえ、最後の10年は病気などで不自由な生活を送る人が多いのです。

また、75歳以上になると要介護認定者の数が多くなります。

加齢とともに、何かしら心身の不調は出てくるものですが、食事や運動など、毎日の生活に気を配りたいものです。

市区町村の総合事業を利用する

要介護認定で、要支援1、2と判定された

予防給付と地域密着型介護予防給付に加えて、

要介護認定で、非該当（自立）と判定された

- **基本チェックリストで一定基準に該当する**
- **基本チェックリストで一定基準に該当しない（一般高齢者）**

総合事業（介護予防・日常生活支援総合事業）のサービスを受けられる

介護予防･生活支援サービス事業

訪問型サービス
自宅での日常生活のサポート（ホームヘルプサービス）。

通所型サービス
デイサービスなどで、生活機能の向上のための機能訓練や、趣味活動など交流の場の提供などを受けられる。

利用者負担は1～3割

一般介護予防事業

（65歳以上すべての高齢者が対象）

- 認知症予防、転倒予防、ひざ･腰痛改善の体操やトレーニング
- 低栄養改善、口腔機能改善、高齢者の社会参加支援のための講座
- 健康相談　など

全額自己負担（無料のものもある）

64歳までのサービスは「特定疾病」の場合のみ

介護保険のサービスは主に65歳以上の高齢者のものですが、64歳以下でもサービスを受けられる場合があります。

主に加齢が原因の病気が対象

40歳以上65歳未満の第2号被保険者は、「特定疾病」の場合に介護保険のサービスを受けられます。特定疾病とは、主に加齢が原因で起きる、支援や介護が必要な病気です。

要支援・要介護サービスを受けるには、第1号被保険者と同様、要介護認定の申請をして、認定を受ける必要があります。特に、主治医の意見書に特定疾病に関する記載が必要です。サービスの種類や内容は、第1号被保険者と同じです。

他の制度も活用する

第2号被保険者が要介護認定を受けると、身体障害者手帳を取得できる場合があります。医療費の減免や障害年金、税金の控除などの条件や手続きも確認します。

65歳未満でも、いざというときの負担を軽くするために、しっかり知識を持つことが大切です。

第2号の要支援・要介護認定者は少数

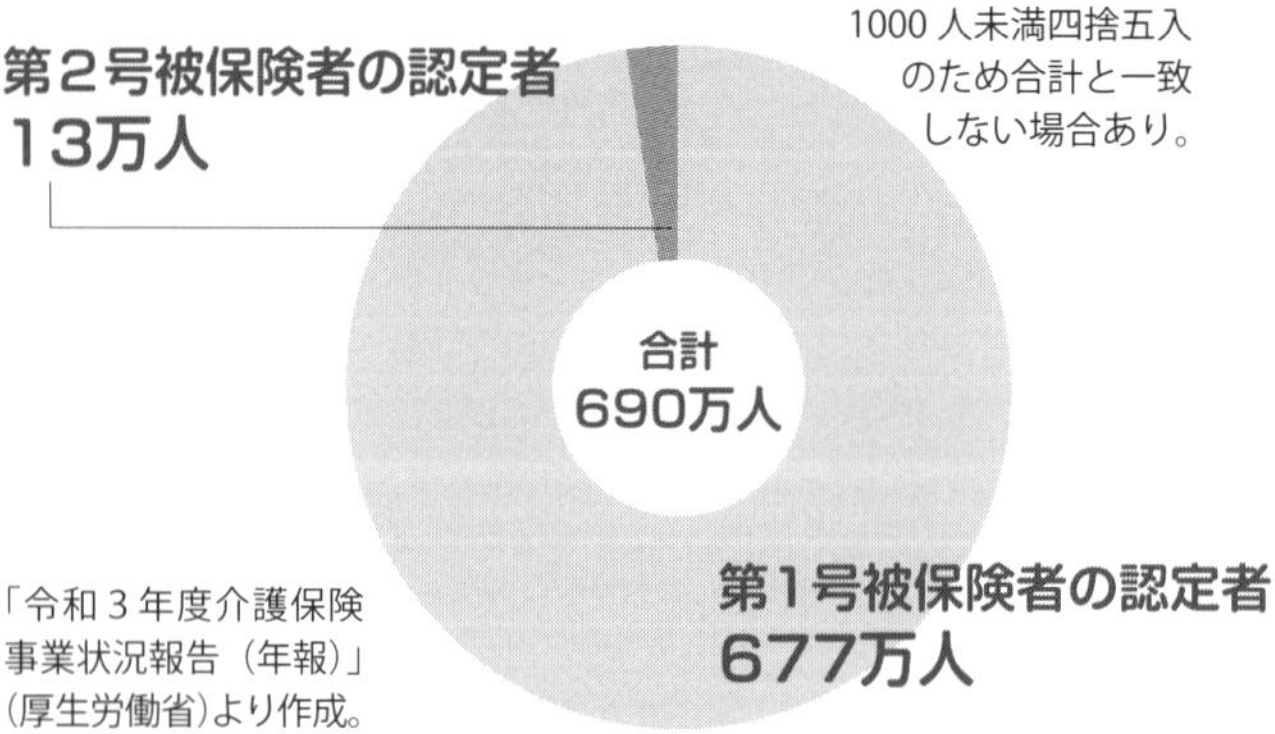

1000人未満四捨五入のため合計と一致しない場合あり。

「令和３年度介護保険事業状況報告（年報）」（厚生労働省）より作成。

16の病気が特定疾病に指定されている

脳血管疾患	●脳出血や脳梗塞、くも膜下出血など。
がん末期	●おおむね余命６か月程度と判断される場合。
初老期認知症	●40～64歳の人の認知症。若年性認知症ともいう。
糖尿病性神経障害、 糖尿病性腎症、 糖尿病性網膜症	●糖尿病の合併症。糖尿病性腎症は人工透析が必要になることも多い。
慢性関節リウマチ	●自己免疫疾患により、関節痛や関節の変形が生じる膠原病の１つ。

- 筋萎縮性側索硬化症《きんいしゅくせいそくさくこうかしょう》
- 骨粗鬆症《こつそしょうしょう》（骨折を伴うもの）
- 脊髄《せきずい》小脳変性症
- パーキンソン病と関連疾患（進行性核上性麻痺、大脳皮質基底核変性症など）
- 閉塞性動脈硬化症
- 両側の膝《しつ》関節または股関節に著しい変形を伴う変形性関節症
- 慢性閉塞性肺疾患
- 後縦靭帯骨化症《こうじゅうじんたいこっかしょう》
- 多系統萎縮症
- 早老症
- 脊柱管狭窄症《せきちゅうかんきょうさくしょう》

コラム

介護を必要とする人もかかる費用も増えていく

制度を維持していくための方策が必須。

要介護認定者の数は690万人[＊1]にのぼります。今後も第1号被保険者（65歳以上の人）は増え（↓グラフ）、介護サービスを必要とする人も増えていくでしょう。

介護保険にかかる費用も、3・[＊2]2兆円（平成12年度）から10・4兆円（令和3年度）に増えています。この金額は、今後ますますふくらんでいくことになります。

給付内容を適正にして費用を抑える

これからも介護保険制度を維持していくためには、必要なサービスをはっきりさせて給付内容を適正化するなど、費用の伸びを抑える工夫が欠かせません。

＊1　令和4年3月末現在（「令和3年度介護保険事業報告（年報）」〈厚生労働省〉より）。
＊2　令和3年度（「令和3年度介護保険事業報告（年報）」〈厚生労働省〉より。1兆円未満四捨五入）。

65歳以上の高齢者は増えていく

人口に対する65歳以上の人の割合（推計）

（　）内は人口（1万人以下四捨五入）

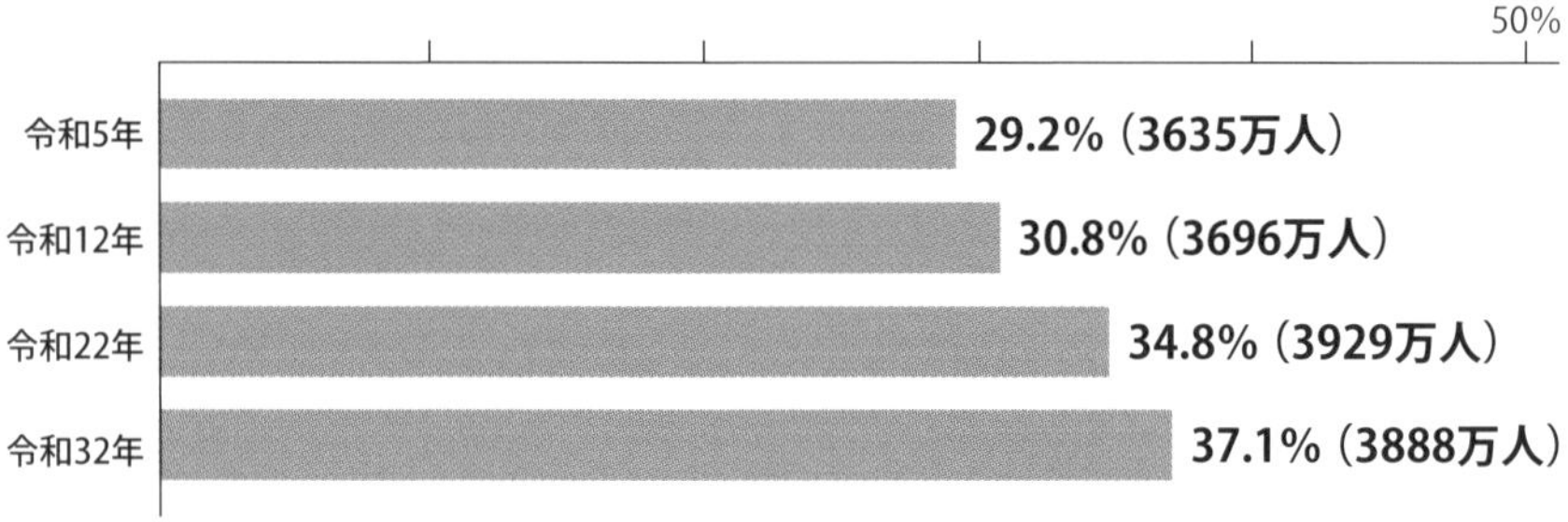

「日本の将来推計人口（令和5年推計）」より作成（出生中位・死亡中位）。

ケアプラン

パート3

ケアプラン（介護の計画）を立てる

介護保険のサービスは、ケアマネジャーのつくるケアプランに基づいて行われます。在宅介護のケアプランを中心に解説します。

介護サービスを計画的に利用する「ケアプラン」

要支援または要介護の認定を受けたら、実際に介護保険のサービスを受けるための計画を立てます。これが「ケアプラン」です。

必要な支援や介護は人によりさまざま。利用者の心身の状態や、家族の希望に合ったサービスとするために、適切なケアプラン（介護の計画）が欠かせません。

ケアプランは自分たちでつくることもできますが（↓66ページ）、ほとんどの場合、ケアマネジャー（介護支援専門員）に作成を依頼します。

ケアマネジャーは、介護保険利用者のためにケアプランをつくって、必要なサービス事業者へ手配、関係機関との連絡や調整などを行う専門職です。

ケアマネジャーは自分たちで選ぶ

在宅介護のケアマネジャーは、自分たちで探して契約します（↓64ページ）。ケアマネジャー選びは、介護保険サービスを受けるための第一歩です。このとき、サービスについて知識も持っておきましょう。

なお、ケアマネジャーに依頼して**ケアプランを作成してもらうのに、費用はかかりません。**

介護保険の認定を受けたら、まず押さえる2つのポイント

1 介護保険で使えるサービスは、「どんなもの」があるか？

2 認定された要支援、要介護状態で、「どれだけ」サービスを使えるか？

ケアマネジャーに依頼する場合のケアプラン作成の流れ

申請

要支援、要介護認定を受ける

- 要支援１、２または要介護１～５。

審査

ケアマネジャーを選んで、ケアプラン作成を依頼する

- ケアマネジャーと契約を結ぶ。
- 「居宅サービス計画作成依頼届出書」を市区町村に提出する。➡66ページ

注意！

要支援１、２の場合は、地域包括支援センターに依頼して、介護予防ケアプランを立てる。
施設に入所する場合は、その施設のケアマネジャーに依頼する。

判定

ケアマネジャーに希望などを伝える

- 本人の状態や困っていること、家族の要望など。
- ケアマネジャーによる情報収集と課題分析（アセスメント）が行われる。

ケアプラン

ケアプランの原案がつくられる

- 原案はサービス担当者会議で精査する。➡70ページ

契約

ケアプランの完成

- 本人、家族がケアプランに同意して、署名・捺印する。
- サービス事業者と契約する。
- サービス事業者がケアプランに基づき「介護計画書」をつくる。

サービス開始

ケアプランに基づきサービス開始

- 月に１回以上ケアマネジャーの訪問を受け、サービス状況の確認を受ける（モニタリング）。
- ケアプランは必要に応じて修正、調整される。

チェック

ケアマネジャー選びのポイント

自分たちに合ったケアマネを見きわめましょう。

ケアマネジャー（介護支援専門員。通称・ケアマネ）は、市区町村の介護保険課や地域包括支援センターからもらえる**「居宅介護支援事業所」**のリストから検討します。

居宅介護支援事業所とは、ケアマネジャーが所属している、在宅介護者のケアプランを作成したり、サービスを管理する事業所です。

どんなサービスをしてほしいのか（介護中心か、医療的なケアが必要か）など、求めるポイントをはっきりさせて、比較・検討しましょう。

ケアマネジャーの仕事

介護保険サービスの利用者や家族の相談に乗ったり、アドバイスを行う。
ケアプランを作成する（課題分析を行い、サービス担当者会議を開くなど）。
要介護認定の申請や更新手続きを代行する。
サービス開始後のフォローをする（モニタリング、関係機関との連絡・調整、給付管理など）。

ケアマネジャー選びのチェックポイント

- □ 話をしっかり聞いてくれるか。話をしやすいか。
- □ 利用者や家族の立場に立って考えてくれるか。
- □ 説明はていねいでわかりやすいか。
- □ 医療など、他分野の知識を豊富に持っているか。
- □ 関連機関、サービス事業所など、広いネットワークを持っているか。
- □ 所属している法人以外のサービスも説明してくれるか。
- □ 連絡はこまめにくれるか。対応が迅速か。
- □ 契約を急がせないか。強引でないか。

医療的なケアが必要なら、看護師などの資格や経歴を持ったケアマネジャー、土日や夜間の対応が必要なら、事業所の他のサービスの体制を調べます。候補をしぼったら、直接会って話してみることが大事です。

ひとくちメモ

ケアマネジャーは変更もできる

いったん選んだケアマネジャーが、期待したような人でなかったり、うまく関係がつくれなかったりすることもあります。

ケアマネジャーは変更ができます。その居宅介護支援事業所に変更をお願いするほか、他の居宅介護支援事業所や地域包括支援センターに相談してもかまいません。

ケアマネジャーを選んだら届け出る

依頼するケアマネジャーを決めたら、「居宅サービス計画作成依頼届出書」を市区町村に提出して届け出ます。

利用者自身が契約する

介護保険では、利用者本人が主体となってサービスの中身を選んで利用することになります。そのため、**ケアマネジャーやサービス事業者へ依頼をするときには、利用者自身が契約を結ばなければなりません。**

契約にあたっては、まず重要事項の説明を受けて契約内容に同意した後、契約書をかわします（↓82ページ）。このとき、署名・捺印を行います。

ケアマネジャーの届け出は市区町村へ

ケアマネジャーと契約したら、**ケアマネジャーの属する事業所（居宅介護支援事業所など）を、市区町村に届け出ます（居宅サービス計画作成依頼届出書）。**

この届け出をしていないと、介護保険のサービスを受ける際、償還払い（いったん全額負担して後日払い戻し）となるので注意します。

その後、事業所を変更する場合は再提出が必要になります。

ひとくちメモ

ケアプランは自分たちでもつくれる

ケアプランは、本人や家族がつくることもできます（セルフケアプラン）。セルフケアプランは、市区町村に届け出ることが必要です。作成の手順などは、市区町村の窓口に確認しましょう。ただし、ケアプラン作成には、一定の知識や情報が必要で、事務負担が大きいこともあり、一般的にはあまり行われていません。

居宅サービス計画作成依頼届出書の記入ポイント

※市区町村により文書名や体裁は異なる（下の書式は東京都文京区のもの）。

1 被保険者について記入する

・氏名や生年月日。
・介護保険の被保険者番号（介護保険証から転記）。
・マイナンバー（本人確認が必要になる→ 36 ページ）。

ポイント
介護保険証を一緒に提出する。

別記様式第 17 号（第 21 条関係）

居宅（介護予防）サービス計画作成依頼（変更）届出書

被保険者
フリガナ
氏 名
被保険者番号
個人番号
生年月日
年 月 日

居宅（介護予防）サービス計画の作成を依頼（変更）する事業者
事業所名・事業所番号
所在地 〒
電話番号 （ ）

居宅介護（介護予防）サービス開始年月日　年 月 日 から

事業所を変更する場合の事由　※事業所を変更する場合のみ記入してください。
変更年月日　年 月 日

小規模多機能型居宅介護の利用開始月における居宅サービス等の利用有無　※月の途中から、小規模多機能型居宅介護事業者を利用開始した場合に記入してください。
□ 居宅サービス等の利用あり
□ 居宅サービス等の利用なし
利用したサービス（ ）

文京区長 様

上記の（居宅介護支援事業者／介護予防支援事業者／小規模多機能型居宅介護事業者）に居宅（介護予防）サービス計画の作成を依頼することを届け出ます。

年 月 日

被保険者
住所
氏名
電話番号 （ ）

注意 1 この届出書は、要介護（要支援）認定申請時に、又は、居宅（介護予防）サービス計画の作成を依頼する事業所が決まり次第、速やかに文京区へ提出してください。
2 居宅（介護予防）サービス計画の作成を依頼する事業所を変更するときは、変更年月日を記入の上、必ず文京区に届出してください。届出のない場合、サービスに係る費用を一旦、全額自己負担していただくことがあります。

サービスの開始年月日

2 依頼するケアマネジャー（居宅介護支援事業所）について記入する

・事業所名や所在地、電話番号など。

ケアプランはこうしてつくる

ケアプランはケアマネジャーと二人三脚でつくるものです。作成の手順と注意ポイントを確認しておきましょう。

ケアマネジャーに希望を伝える

ケアプランをつくるにあたって、まずは**ケアマネジャーに直接本人の状態や家族の希望などを、もらさず伝えます**。ここからケアマネジャーは、本人や家族の抱える問題点や課題をつかんで、介護の目標を定め、適切なサービス内容を決めていくことになります。

これを課題分析（アセスメント）といいます。課題分析により、ケアプランの原案がつくられます。

原案の確認後、サービス担当者会議（↓70ページ）による修正・調整を経て、ケアプランが完成します。

自分たちがつくるという意識を持つ

ケアプランを決めるのは、利用者や家族です。まかせきりではなく、わからないことはその場で確認、希望もはっきり話します。一方で費用のことも考えながら、家族の負担を上手に減らしましょう。

ひとくちメモ

ケアプランは「3つの柱」から

在宅介護で受ける介護保険のサービスの代表的なものには、訪問介護（ホームヘルプ）、通所介護（デイサービス）、短期入所生活介護（ショートステイ）の3つがあります。

この3つを上手に組み合わせるのが、サービス検討の基本です。

通所介護などには、その間家族が休めるメリットもあります。本人のためばかりでなく、家族のためにもなるサービスであることが大切です。

申請
審査
判定
ケアプラン
契約
サービス開始

ケアマネジャーにはこんなことを伝える

1. 本人の心身の状態、家族の状況や生活パターン
2. 最も改善したいところ、困っているところ
3. 本人の性格や習慣、価値観など
4. 本人、家族の希望する生活
5. 介護のサービスに使える予算

ケアプランの原案、確認ポイント

- □ 家族の負担が軽減されそうか？
- □ サービスはどれも必要なものか？（サービスの種類、内容、回数など）
- □ サービスを詰め込みすぎて、予定に無理がないか？
- □ わからないところはないか？（疑問は必ず確認する）
- □ 費用はかかりすぎないか？（支給限度額、保険外の費用も含めて考える）

サービス関係者が集まって話し合う

ケアプランを完成させる前に、サービスにかかわる人たちが集まって話し合い、内容を確定させていきます。

本人や家族も参加する

ケアプランの原案ができたら、ケアマネジャー、利用者と家族、そして主治医、担当予定のサービス事業者など、**介護にかかわるメンバーが集まって、「サービス担当者会議」が開かれます**。場所は一般に利用者の自宅で、ケアマネジャーが日程を調整して招集します。

この会議により、**ケアプランの内容を確定させ、メンバー全員でサービスの方針や目標を確認し、利用者の情報を共有します**。

本人や家族にとって、担当のサービス事業者などと直接話す絶好の機会です。希望通りの計画になっているかどうか確認しながら、積極的に意見も述べましょう。

ケアマネジャーが進行役となる

サービス担当者会議の進行はケアマネジャーが行います。最初にケアマネジャーがケアプランの原案について説明します。その上で、サービス事業者や医師から意見を聞き、利用者や家族が希望とすり合わせるといった流れです。

会議により、ケアプランが修正されます。こうして完成したケアプランに基づいて、サービスが行われることになります。

サービス担当者会議は、**ケアプランの新規作成時のほか、ケアプランの定期的な更新をするとき、また随時ケアプランを変更するときにも開かれます**。

サービス担当者会議を開く

ケアマネジャーが進行を行う。
（※参加者は例）

会議の流れ

開始のあいさつ
（ケアマネジャーによる）

▼

参加者を紹介する。

▼

議題を確認、１つずつ検討する。

▼

議題ごとに意見を聞き、
結論を出す。

▼

会議全体のまとめ

▼

終わりのあいさつ
（ケアマネジャーによる）

▼

会議後、ケアマネジャーは
議事録（会議の要点）を作成して、
後日メンバーに配る。

いつ

ケアプランを新規作成、更新、変更するとき。要支援、要介護どちらも行う。

参加するメンバー

本人と家族、ケアマネジャー、主治医、各サービス事業者。

どこで

主に利用者の自宅。

会議の目的

- ケアプランの原案を検討。
- 本人や家族の情報の共有。
- サービスについて、目標や相互連携の確認。

など

チェック

ケアプランの内容を確認

ケアプランの内容は「居宅サービス計画書」で確認します。

居宅サービス計画書の例と確認ポイント

令和○年　○月　○日

認定済 ・ 申請中

年 ○月 ○日

持向上をめざすこと、外出の機会

て、楽しい生活を営めるように

）

利用者及び家族の生活に対する意向を踏まえた課題分析の結果

- ☐ 本人・家族が望む生活を具体的にイメージしているか。
- ☐ 伝えたことが、本人、家族の区別をつけてそのままの言葉で記載されているか。

総合的な援助の方針

- ● 介護の全体的な方針が記載される。かかわるスタッフ全員が共有する。
- ☐ 本人や家族の意向が正しく反映されているか。
- ☐ その実現に向けて最終的に到達すべき方向性や状況が示されているか。
- ☐ ケアチーム全体が目指すべき方向性を確認し合える内容が記載されているか。
- ☐ 介護認定審査会からの意見などが記載されているか。

訪問介護で、生活援助が中心である場合に記載される。

計画書の体裁は決まっている

ケアプランは、原則としてケアマネジャーによってまとめられます。自宅でサービスを受ける居宅サービスの場合は、「居宅サービス計画書」がつくられます（↓上図）。

ちなみに、施設サービスなら「施設サービス計画書」、要支援の場合は「介護予防サービス支援計画書」となり、それぞれ使用する書式は異なります。

第1表 居宅サービス計画書（1）

要介護状態や、本人・家族の意向と分析、介護の基本方針などが記載される。

第1表

介護認定日は介護保険証で確認する。

居宅サービス計画書（1）

作成年月日

初回 ・ 紹介 ・ 継続

利用者名　竹田昭夫　殿　生年月日　昭和×年　5月　5日　住所　杉並区上井草○－○

居宅サービス計画作成者氏名　川越順子

居宅介護支援事業者・事業所名及び所在地　××居宅介護支援事業所

居宅サービス計画作成（変更）日　令和　○年　○月　○日　初回居宅サービス計画作成日　令和　○

認定日　令和　○年　○月　○日　認定の有効期間　○年　○月　○日　～　○年　○月　○日

要介護状態区分	要介護１　・　要介護２　・　要介護３　・　要介護４　・　要介護５
利用者及び家族の生活に対する意向を踏まえた課題分析の結果	本人　安心して歩けるようになりたい。１人で生活できるよう、自分ができることを増やしたい。 家族　家にこもらず、買い物など１人で外出できるようになってほしい。 今後の方向性　ご本人及びご家族のご意向を踏まえ、歩行訓練や身体を動かし、体力や筋力の維が増えお一人での生活が継続できるよう支援いたします。
介護認定審査会の意見及びサービスの種類の指定	なし
総合的な援助の方　　針	通所介護の歩行訓練により筋力の低下を防ぎ、自立した生活をめざします。できる家事を増やし支援します。
生活援助中心型の算　定　理　由	1. 一人暮らし　　2. 家族等が障害、疾病等　　3. その他（

第1表～第3表を確認する

居宅サービス計画書は第1表から第7表まであり、第1表には、ケアプラン全体の方向性が示されます。**第2表には、第1表や課題分析に関連づけ、介護の目標やそれを達成するための方法がまとめられます。**第3表は1週間のスケジュール表です。内容をしっかり確認しましょう。

第4表はサービス担当者会議に関するまとめ、第5表はケアマネジャーの支援経過のまとめ、第6、7表はサービスを利用する際に必要な「サービス利用票／別票」です。

第２表 居宅サービス計画書（２）

解決すべき課題に対して目標（長期目標と短期目標）を示し、誰がどんな介護などを行うか記載される。

居宅サービス計画書（２）

作成年月日　令和○年　○月　○日

昭夫　様

舌全般の課題（ニーズ）	目標				援助内容					
	長期目標	期間（年月）	短期目標	期間（年月）	サービス内容	※1	サービス種別	※2	頻度	期間（年月）
後、転倒不安がある	転倒せずに一人で安心して歩けるようになる	R○4/1～8/31	歩行運動を定期的に続ける	R○4/1～6/30	歩行訓練	○	通所介護	△△デイサービスセンター	週2回	R○4/1～6/30
					廊下、階段への手すりの設置	○	住宅改修	○○工務店	4月から	
暮らせるようできること	自分でできる家事が増える	R○4/1～8/31	できる家事は自分で行う	R○4/1～6/30	できない家事の支援（室内の掃除、調理）	○	訪問介護	××事業所	週5回	R○4/1～6/30

対象となるかどうかの区分」について、保険給付対象内サービスについては○印を付す。
ス提供を行う事業所」について記入する。

長期目標／期間

● 最長で認定期間内に達成をめざす目標が記載される。

短期目標／期間

● 長期目標達成のための段階として設定した期限と目標が記載される。

□ 達成可能な目標か。利用者の状態から見て妥当か。
□ 認定の有効期間内に達成できるものか。
□ 支援者側の目標や、サービス内容が目標になっていないか。
□ わかりづらくないか（あいまい、抽象的）。

援助内容

● いつ、誰が、どんな介護をどの程度行うかが記載される。

□ 短期目標達成に必要なサービス内容か。
□ サービス事業者が担う役割の記載のほか、主治医などからの留意事項の記載があるか。
□ 家族の介護や利用者自身のセルフケアの記載があるか。

第3表 週間サービス計画表

サービスなどが、１日ごと、１週間単位のスケジュール表としてまとめられる。

- サービス事業者の行うサービス、保険外サービス、家族が行う介護も記載される。
- 介護が行われる曜日や時間帯、手薄な時間帯などがわかる。
- 本人と家族の平均的な生活パターンが記載される（起床、食事、排泄、入浴、就寝、出社、帰宅など）。
- □ 円滑なケアができるようなわかりやすい記載か。
- □ 「週単位以外のサービス」欄も、必要に応じて適切に記載されているか。

生活全般の解決すべき課題（ニーズ）

- 介護により解決をめざす課題が記載される。
- ①利用者自身の力で取り組めること、②家族や地域が協力できること、③ケアチームがサポートすることなどが整理されている。
- □ 優先順位に応じて整理されているか。
- □ 「意向」と「課題（ニーズ）」が関連づけられているか。

第２表

利用者氏名　竹田

生活全般の解決すべき

転倒による骨折

これからも自宅でを増やしたい

※１「保険給付の

※２「当該サービ

第３表

週間サービス計画

利用者氏名　竹田昭夫　　様

		月	火	水	木	金	
深夜	4:00						
早朝	6:00						
午前	8:00						
午前	10:00	訪問介護	通所介護	訪問介護	通所介護	訪問介護	訪問介護
午後	12:00						
午後	14:00						
午後	16:00						
夜間	18:00						
夜間	20:00						
夜間	22:00						
深夜	0:00						
深夜	2:00						
深夜	4:00						

週単位以外のサービス	

介護予防のケアプランはこう立てる

要支援に認定された場合、要介護状態になるのを防ぎ、自立を目標としたケアプランをつくります。

サービスの内容は要介護より限定的

要支援1、2と認定された場合は、介護予防給付として、介護予防サービスと地域密着型介護予防サービスを受けられます。**要支援に対するサービスの目的は、要介護状態への進行を予防することです。**

介護給付にくらべて、支給限度額が低くなります。そのため、利用できる回数、時間などが少なくなり、受けられないサービスもあります。

地域包括支援センターなどに依頼する

要支援のケアプラン作成は、**地域包括支援センターや居宅介護支援事業所に依頼します。**このとき、市区町村に「介護予防サービス計画作成依頼届出書」を提出します。要介護の場合と同様、ケアプランの作成に費用は不要です。

ケアプランは「介護予防サービス・支援計画表」（→左ページ）にまとめられます。

要支援で受けられないサービス

- ✖ 訪問介護、通所介護
- ✖ 定期巡回・随時対応型訪問介護看護 ➡102ページ
- ✖ 夜間対応型訪問介護 ➡104ページ
- ✖ 看護小規模多機能型居宅介護 ➡122ページ
- ✖ 地域密着型介護老人福祉施設入所者生活介護 ➡144ページ
- ✖ 地域密着型特定施設入居者生活介護 ➡144ページ
- ✖ 施設介護サービス ➡132～137ページ

介護予防サービス・支援計画表の例

※東京都推奨の様式。市区町村により異なる。

要介護状態にならないようにするために、地域包括支援センターの担当者と話し合い、長期目標や短期目標、具体的なサービスのスケジュールがつくられる。

A表

A表

初回・紹介・継続	認定済・申請中	要支援1・要支援2	地域支援事業

No.

介護予防サービス・支援計画表（1／3）

利用者名　　　　　　　　様

認定年月日　　年　月　日　　認定の有効期間　　年　月　日 ～　　年　月　日

計画作成者氏名　　　　委託の場合：担当地域包括支援センター

計画作成事業者
事業所名及び所在地（連絡先）

計画作成（変更）日　　年　月　日（初回作成日　　年　月　日）

目標とする生活	1日、1週間、または1月	
	1　年	
総合的な方針（生活の不活発化の改善・予防のポイント）		

B表

B表

介護予防サービス・支援計画表（2／3）

No.

利用者名　　　　　　　　様　　　　計画作成(変更)日　　年　月　日

【健康状態について：主治医意見書、生活機能評価等を踏まえた留意点】

【必要な事業プログラム】

運動器の機能向上	栄養改善	口腔機能の向上	閉じこもり予防	物忘れ予防	うつ予防

現在の状況	本人・家族の意欲・意向	背景・原因	総合的課題	課題に対する目標と具体策の提案	具体策についての本人・家族の意向
運動・移動について		□有　□無			
日常生活（家庭生活）について		□有　□無			
社会参加、対人関係・ｺﾐｭﾆｹｰｼｮﾝについて		□有　□無			

C表

C表

介護予防サービス・支援計画表（3／3）

No.

利用者名　　　　　　　　様　　　　計画作成(変更)日　　年　月　日

目標	支援計画							
	目標についての支援のポイント	具体的な支援の内容		※1	サービス種別	サービス提供者（事業所）	頻度	期間
	（　）	本人の取組						
		"家族・地域の支援 民間ｻｰﾋﾞｽ等"						
		"介護保険ｻｰﾋﾞｽ 地域支援事業 区市町村ｻｰﾋﾞｽ"						
	（　）	本人の取組						
		"家族・地域の支援、民間ｻｰﾋﾞｽ等"						
		"介護保険ｻｰﾋﾞｽ 地域支援事業 区市町村ｻｰﾋﾞｽ						

チェック

ケアプランの例を見てみよう

要介護状態ごとのケアプラン（週間サービス計画表）の例を紹介します。

ケアマネジャーによるケアプランは、自分たちもよく確認して適切なものにしたいものです。そのためには、ケアプランの見方のポイントを知っておく必要があります。

ここでは居宅サービス計画書（→72〜75ページ）のうち、週間サービス計画表（第3表）の3つの例を紹介します。わかりやすさのため、実際よりシンプルにしています。

この表から、**1週間のうちいつが手薄か、スケジュールがきついところがないか**などがわかります。

ケアプランの確認ポイント

- □ 本人の心身状態に見合った内容か？
- □ 必要なサービスが、必要な分だけ盛り込まれているか？
- □ この計画で心身の状態が改善しそうか？
- □ 家族の負担は軽くなっているか？
- □ 家族の生活サイクルや本人の状態から、無理な部分や無駄なサービスはないか？
- □ 費用はかかりすぎていないか？

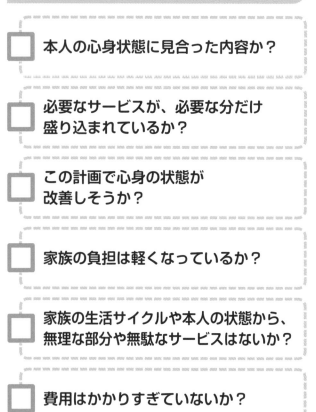

要介護 1 のケース

〚利用者の状況〛

Ａ子さん75歳。夫婦２人暮らし。足腰が弱くなり、生活動作に不安がある。夫も腰を悪くしている。週に一度、遠方に住む長女が介護に訪れている。

週間サービス計画表

		月	火	水	木	金	土	日
深夜	4:00							
早朝	6:00							
午前	8:00							
	10:00	訪問介護		訪問介護	訪問介護		訪問介護	
午後	12:00		通所介護			通所介護		
	14:00							
	16:00							
夜間	18:00							
	20:00							
深夜	22:00							
	24:00							
	2:00							
	4:00							

利用するサービスと利用料（１単位 10 円の場合）

訪問介護（身体介護 30 分以上１時間未満）

月 16 回（週４回×４）　１回 3870 円×16 ＝ **6 万 1920 円**

通所介護（通常規模型７時間以上８時間未満）

月８回（週２回×４）　１回 6580 円×８＝ **5 万 2640 円**

合計 **11 万 4560 円**

※支給限度額　月 16 万 7650 円

自己負担額（１割） **1 万 1456 円**

要介護３のケース

［利用者の状況］

Ｂ夫さん 80 歳。夫婦２人暮らし。脳梗塞の後遺症で左半身に麻痺が残り、１人で立つことができない。認知症も進んでいる。妻も病気がち。

週間サービス計画表

		月	火	水	木	金	土	日
深夜	4:00							
早朝	6:00							
午前	8:00	通所リハビリ		通所リハビリ		通所リハビリ		
	10:00		訪問介護		訪問介護		訪問介護	
午後	12:00							
	14:00		訪問看護				訪問看護	
	16:00							
夜間	18:00							
	20:00							
	22:00							

利用するサービスと利用料（１単位 10 円の場合）

訪問介護（生活援助 20 分以上 45 分未満）

月 12 回（週３回×４）　１回 1790 円× 12 ＝　**２万 1480 円**

訪問看護（訪問看護ステーション 30 分以上１時間未満）

月８回（週２回×４）　１回 8230 円× ８＝　**６万 5840 円**

通所リハビリテーション（通常規模型７時間以上８時間未満）

月 12 回（週３回×４）　１回１万 460 円× 12 ＝ **12 万 5520 円**

福祉用具貸与（車いす）　**7000 円**

合計　**21 万 9840 円**

※支給限度額　月 27 万 480 円

自己負担額（１割）　**２万 1984 円**

要介護５のケース

〚利用者の状況〛

Ｃ子さん85歳。夫婦２人暮らし。重度の認知症で意思の疎通が困難。１人で食事や排泄ができない。

週間サービス計画表

		月	火	水	木	金	土	日
深夜	4:00							
早朝	6:00							
午前	8:00	訪問介護	訪問介護	訪問介護	訪問介護	訪問介護	訪問介護	訪問介護
	10:00	認知症対応型通所介護				認知症対応型通所介護		
午後	12:00							
	14:00		訪問看護		訪問看護		訪問看護	
	16:00							
夜間	18:00	訪問介護	訪問介護	訪問介護	訪問介護	訪問介護	訪問介護	訪問介護
	20:00							
	22:00							

利用するサービスと利用料（１単位10円の場合）

訪問介護（身体介護20分未満）

月56回（週14回×４）　１回1630円×56＝ **９万1280円**

認知症対応型通所介護（単独型７時間以上８時間未満）

月８回（週２回×４）　１回１万4270円×８＝**11万4160円**

訪問看護（訪問看護ステーション30分以上１時間未満）

月12回（週３回×４）　１回8230円×12＝ **９万8760円**

福祉用具貸与（介護用ベッド） **１万5500円**

合計 **31万9700円**

※支給限度額　月36万2170円

自己負担額（１割） **３万1970円**

サービス事業者と契約してサービススタート

ケアプランが完成したら、サービス事業者によりサービスが具体化されます。いよいよサービスの開始です。

サービス事業者は、ケアマネジャーに紹介してもらうのが一般的です。事前に希望を伝えておき、適した事業者を紹介してもらいましょう。

それぞれのサービス事業者と**契約を結ぶのは利用者です。重要事項説明書や契約書は、慎重に確認します**（→84ページ）。

サービス事業者がケアプランを実行する

契約を結んだサービス事業者により、ケアプランを具体的なサービスにする「**介護計画書**」がつくられます（訪問介護事業者なら訪問介護計画書、通所介護事業者なら通所介護計画書など）。利用者や家族は、介護計画書の説明を受けて、問題がなければ同意、署名・捺印します。

サービスの利用が始まると、1か月ごとにケアマネジャーから、サービスの予定や前月の実績、費用などが記載された「**サービス利用票**」を渡されます。サービス利用時には、この利用票と介護保険証の提示が必要です。

ひとくちメモ

サービス事業者を調べるには

サービス事業者選びでは、次のような情報も活用できます。どちらもインターネットを利用して見られます。

● **介護サービス情報公表システム**[*1]
都道府県ごとに事業者の情報が集約されている。介護サービスや事業所・施設の比較検討ができる。

● **第三者評価制度**
ワムネット[*2]や都道府県のホームページなどから、外部の評価機関による福祉サービス事業者の評価を見ることができる。

＊1 https://www.kaigokensaku.mhlw.go.jp/
＊2 https://www.wam.go.jp/

契約書の基本的な見方

介護サービスの契約書には印紙は不要。

○○介護サービス利用契約書

契約内容は項目に分けられ、さらに1、2…などと、箇条書きで記載される。原則として、契約の全体的な内容からこまかな内容へと進む。

甲（利用者）	○○○○○
乙（事業者）	○○○○○

（○○介護サービスの目的）

第1条　乙は、介護保険法等関係法令及びこの契約に従い、甲に対し、甲が可能な限りその居宅において、その有する能力に応じ、自立した日常生活を営むことができるよう、このサービスを提供します。

利用者を甲、事業者を乙などとして、この契約で、それぞれが負う権利と義務が明らかにされる。

（契約期間）

第2条 1　この契約の有効期間は

令和　　年　　月　　日から、令和　　年　　月

ただし、契約期間満了日以前に、甲が要介護状態区分の変更の認定を受け、認定有効期間の満了日が更新された場合は、変更後の要介護認定有効期間満了日までとし

利用者（甲）　私は、以上の契約の内容について説明を受け、内容を確認しました。この契約書に基づく○○介護サービスの利用を申し込みます。

住所

氏名　　　　　　　　印

電話番号　　　　　　FAX 番号

署名代行者（甲）　私は、利用者本人の契約の意思を確認の上、本人に代わり、上記の署名を行いました。

住所

氏名　　　　　　　　印

電話番号　　　　　　FAX 番号

本人との関係

署名代行の理由

事業者（乙）　当事業者は、居宅サービス事業者

書に定める各種サービスを、誠実に責任を持って

所在地

名称

代表者

電話番号

契約書を複数つくったときは、契約書をずらして重ね、境目に当事者全員の印を押す（割印）。また、契約書が複数ページにわたるときは、ページの境目に印を押す（契印）。

契約書の内容に同意すると、契約書の最後に当事者それぞれが、手書きのサイン（署名）と捺印をする。

チェック

重要事項説明書をチェック

不明点を残さないようしっかり読み込む。

重要事項説明書の例

※書式は事業者などにより異なる。

重要事項説明書
（訪問介護サービス）

あなたに対する訪問介護サービスの提供開始にあたり、厚生労働省令第３７号第８条に基づいて、当事業者があなたに説明すべき重要事項は次のとおりです。

1　事業者の概要

事業者の名称	株式会社○○○
主たる事務所の所在地	〒000-0000　○○市○○町 0-0
代表者名	代表取締役　山田健一
電話番号	000-000-0000

2　ご利用事業所

ご利用事業所の名称	○○事業所
指定番号	○○県 0000 号
所在地	○○市○○町 0-0
電話番号	000-000-0000
出張所の名称	○○ステーション
所在地	○○市○○町 0-0
電話番号	000-000-0000
通常の事業の実施地域	○○市○○町、○○町全域及び○○町○丁目

以下、契約に関する重要事項が、箇条書きで記載されている。

ケアマネジャーやサービス事業者と契約をかわす際は、**事前に重要事項説明書という書類により、サービス内容などについて1つひとつ説明を受けます。**

　重要事項説明書とは、契約により行われるサービス内容や期間、利用料などを、具体的に明記した書面です。法律により、説明と交付が義務づけられています。

　重要事項説明書のすべてに同意したら、署名・捺印します。通常、それに続いて契約書を確認、署名・捺

申請
審査
判定
ケアプラン
契約
サービス開始

重要事項説明書の主な記載内容とポイント

事業者について

- 事業を行っている会社、直接サービスを受ける事業所。責任者。
- □ 都道府県や市区町村の指定を受けているか。

事業内容

- 従業員の職種や人数（常勤／非常勤）。●営業日、営業時間。
- サービスの内容、手順、回数、曜日など。●契約の期間。
- サービスで行わないこと（禁止事項）。
- □ 認定の有効期間と契約期間は合っているか。

個人情報の扱いについて

- □ 個人情報の扱いや守秘義務が、明確に示されているか。

利用料や支払い方法について

- サービスにかかる利用料。保険外の実費負担、サービス以外にかかる費用。
- □ 利用料のしくみは理解しやすいか。
- □ 体調不良などによるキャンセルへの対応（キャンセル料の要不要）。

緊急時や事故などへの対応

- 緊急連絡先。
- 事故発生時の対応手順。
- □ 損害保険に加入しているか。

苦情や相談の窓口

- □ 明記されているか。

印して契約が成立します。

重要事項説明書や契約書は、専門用語も多く読みづらいものですが、細かな文言もすべて目を通します。

基本的に利用者本人が契約しますが、利用者が認知症などで契約を結べない場合は、成年後見制度などの活用により代理人が契約できます。

サービスの中身は定期的に見直す

サービスは始まってからも、よりよい内容にするために修正ができます。こまめにケアマネジャーなどに相談しましょう。

よく検討して完成したケアプランによる介護サービスも、始まってみると、「思っていたのと違う」ということは起こります。こんなときは、ケアマネジャーなどに相談して、サービス内容の変更や手直しをしてもらうことができます。

ケアマネジャーがサービスをチェック

またサービス開始後は、**月に1度*****以上はケアマネジャーの訪問を受け、サービスがケアプラン通り実施されているか確認してもらいます**。これを**モニタリング**といいます。

利用者や家族にとっては、問題や不満などをケアマネジャーに伝えるよい機会です。モニタリングにより、必要に応じて、サービスやケアプランの見直しが行われます。

要介護認定の変更をする場合もある

要介護認定には有効期間があり、初回は原則6か月、以後は原則12か月です。

有効期間終了後も介護が必要なら、要介護状態を再確認するため、**更新認定**を受けます。

通常、更新時期が近づくと、市区町村から要介護・要支援認定申請書（→44ページ）が送られてくるので、必要事項を記入して提出します。その後の流れは新規の場合と同じです。

サービスを受けている間に、利用者の状態が変わったような場合は、更新認定を待たずに**区分変更**を申請して、認定を見直すこともできます。

＊利用者の同意など一定要件を満たせば、オンラインによるモニタリングも可能。ただし、少なくとも２か月に一度は居宅訪問が必要（介護予防支援は６か月に一度）。

サービス開始後は見直しも大切

月に1度以上のモニタリング

- ケアマネジャーが自宅を訪れ、ケアプラン通りにサービスが行われているか、目標は達成されているか、利用者や家族に変化などがないか確認する。
- モニタリングの結果により、サービス内容や時間、回数などの調整・変更、区分変更などが行われる。

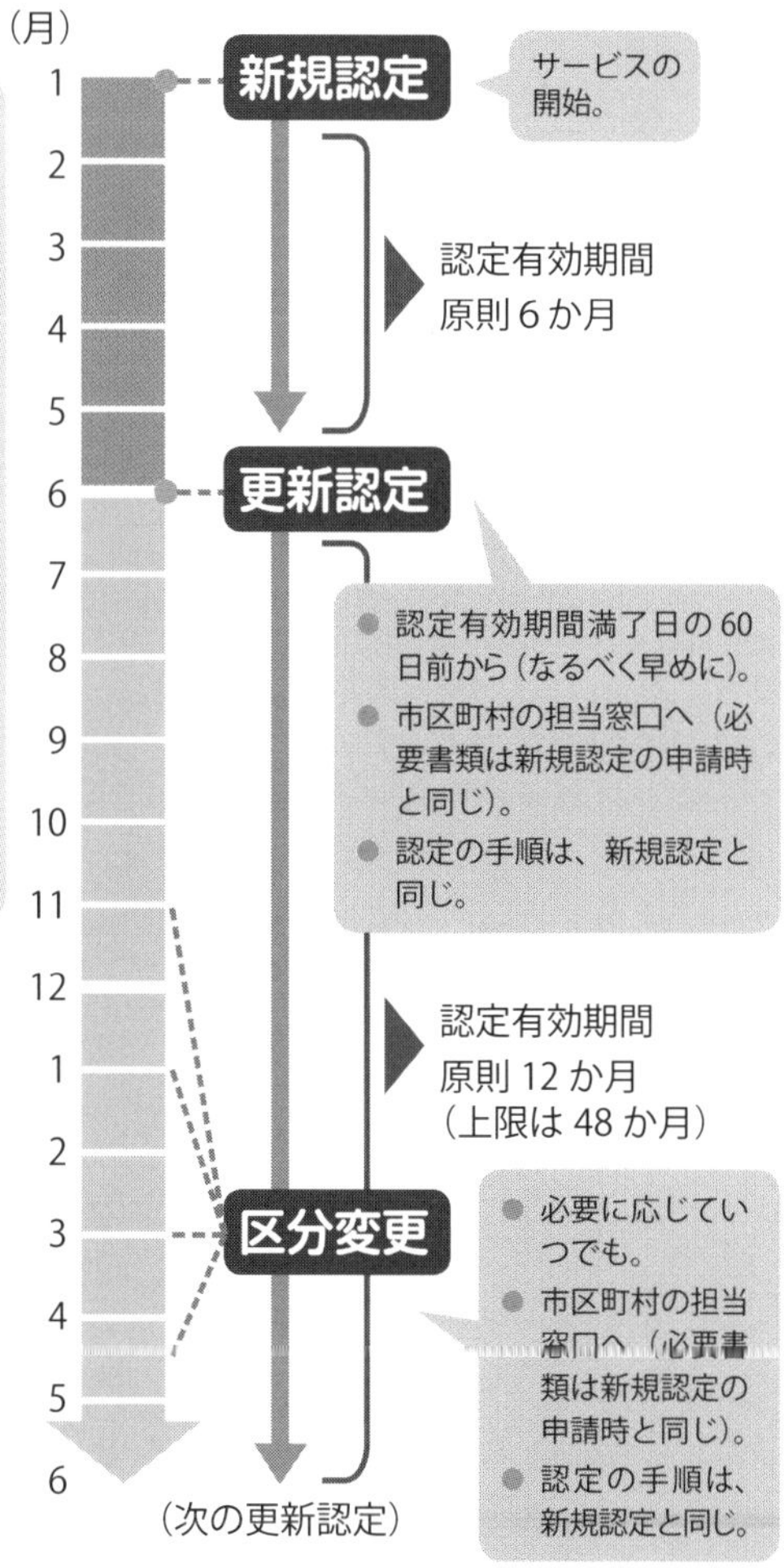

ポイント

更新認定や区分変更の申請は、本人や家族が行うほか、ケアマネジャーなどが代行する。

介護保険やサービスの相談や苦情はどこへ

介護保険のサービスに不満を感じたり、トラブルが生じることがあります。いざというときの相談先を確認しておきましょう。

サービス事業者には相談窓口が設けられている

サービスに関して困ったことなどがあれば、*ケアマネジャーに相談するほか、サービス事業者の相談窓口に連絡して相談もできます。**サービス事業者には、こうした相談窓口の設置が義務づけられており、その連絡先は、契約書や重要事項説明書に記載されています。

どちらに相談してもかまいませんが、問題により適切なところを選びます。たとえば、物質的損害やサービスに関する事故などは、ケアマネジャーと連携し、直接サービス事業者と話したほうがスムーズでしょう。

都道府県や市区町村にも相談の窓口がある

問題が解決しないなら、**市区町村の介護保険課や地域包括支援センターに相談します。**

さらに、都道府県単位で設けられている**国民健康保険団体連合会（国保連）に相談することもできます。**

＊事業所に書面として記録されている情報の開示を受けることもできる。

ひとくちメモ

国民健康保険団体連合会（国保連）とは

国民健康保険団体連合会（国保連）とは、主に国民健康保険にかかわる、さまざまな活動をしている組織です。各都道府県に設立されています。

介護保険に関しては、介護報酬の審査・支払い業務、介護保険サービスの相談・指導・助言といった業務を行っています。

特に市区町村では解決が難しい、介護保険サービスの苦情相談などは、国保連が対応することになっています。

相談窓口を書いておこう

ケアマネジャー　連絡先

サービス事業者の相談窓口　連絡先

● 上記で解決しない場合や保険料や認定に関する内容なら

市区町村（介護保険担当窓口）　連絡先

（地域包括支援センター）　連絡先

国民健康保険団体連合会（国保連）　連絡先

介護保険サービスにはこんな苦情が多い

（東京都の例）

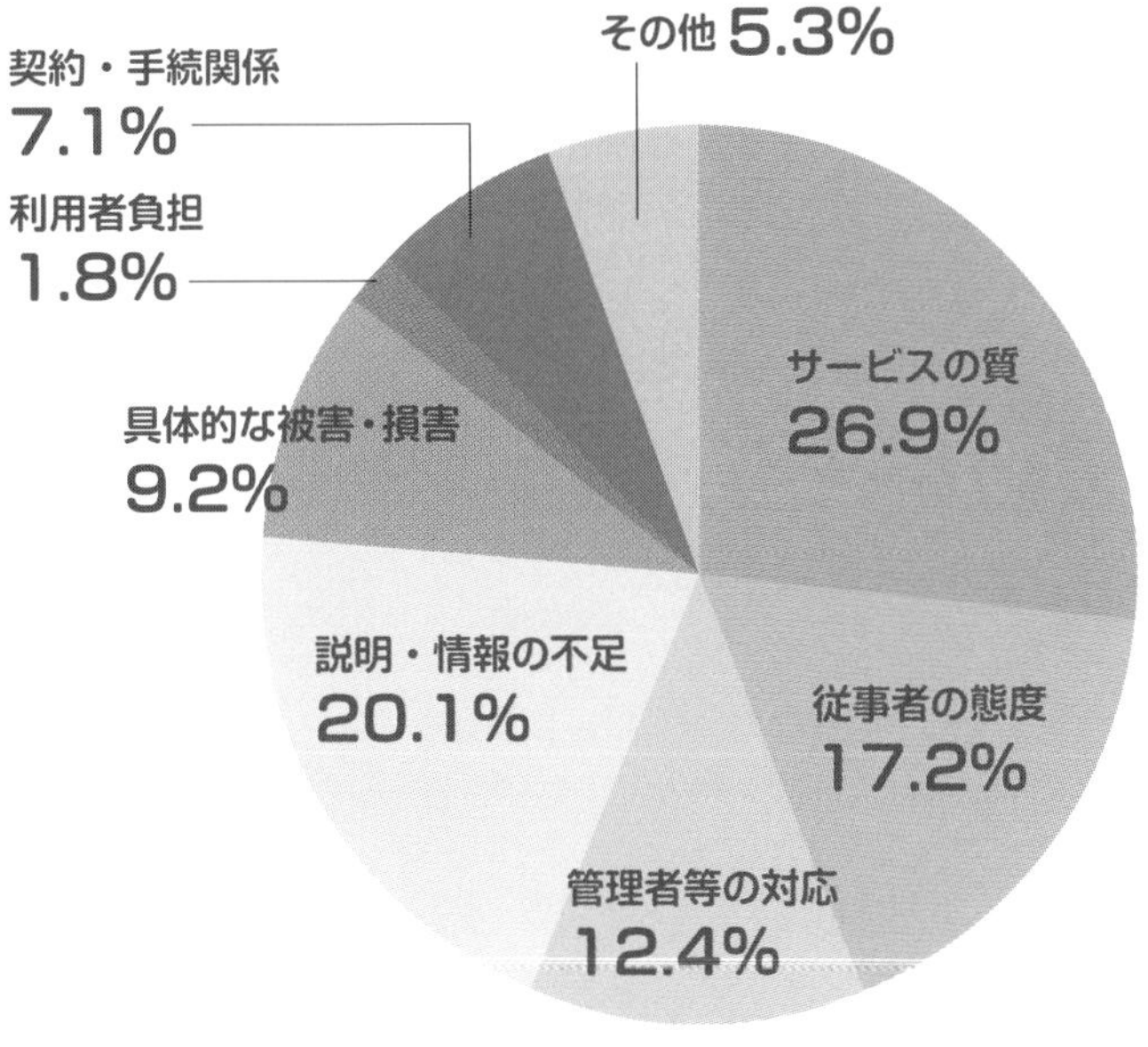

「令和５年版 東京都における介護サービスの苦情相談白書」より、
苦情件数（3326件）のうち、「サービス提供、保険給付」（1960件）の内訳。

コラム

ホームヘルパーとの上手なコミュニケーション

問題があれば話し合って解決していく。

ホームヘルパーによる、調理、掃除、洗濯などは、家庭によってやり方の違いがあり、思ったようにしてもらえずストレスがたまったり、トラブルにつながることもあります。

事前に手順や注意点をメモにして渡すなど、「当たり前」と思うこともきちんと伝えることで、お互いの理解を深められます。

あいさつをする、感謝の言葉を伝える、キャンセルなどの連絡は早めに行うなど、常識的な対応も欠かせません。不安などがあれば管理者やサービス提供責任者へ早めに伝えることが大切です。

また、「共に行う」「できることは自分で行う」という意識も忘れないようにしましょう。

トラブル予防・生活援助はここを伝える（例）

掃除

- [ ] 手順（キッチンの後にトイレなど）。
- [ ] 程度（掃除機だけ、掃除機とぞうきんがけなど）。

洗濯

- [ ] 衣類の種類による洗い方の違い。
- [ ] 洗濯物をしまう場所。しまい方。

※対象は本人のみなので、本人と家族の分を分けておく。

調理

- [ ] 好みの味つけ（濃い、薄いなど）。
- [ ] どんなとき、どの食器を使うか。
- [ ] 残った料理の扱い（捨てるか、保存するかなど）。

買い物

- [ ] どのスーパーや店に行ってほしいか。
- [ ] 必要なものがなかった場合どうするか。

※お金は、その都度必要な分だけ渡す。

サービス

パート4

サービス全種類簡単まとめ

どんなときにどんなサービスを受けられるのか、
その種類をおぼえておきましょう。

自宅で受けるサービス、施設で受けるサービス

介護保険で利用できるサービスにはどんなものがあり、どれを使えるのか、事前に押さえておきましょう。

サービスを受けるところで区別される

介護保険のサービスは、**在宅介護の人が利用する「居宅介護サービス」と、施設に入居して利用する「施設介護サービス」に分けられます。**

また、市区町村により行われるサービスを**地域密着型サービス**として区別します（↓１０２ページひとくちメモ）。

居宅介護サービスには、自宅に来てもらって介護を援助してもらう**訪問介護サービス**、自宅から通って介護などを受ける**通所介護サービス**、施設に短期間入所する**短期入所サービス**もあります。

施設介護サービスは、在宅介護が難しい場合に、**介護保険施設**に入所して介護を受けます。また、民間の施設でも介護保険サービスを使える場合があります。

要支援に対するサービスは、要介護に対するサービスとは区別され（名称に「**介護予防**」がつく）、やや限定された内容となります。

サービスの使い方、選び方の基本

こうしたサービスのうち、**利用者本人の改善の希望などから、必要なサービスを組み合わせて利用します。**

はじめて介護保険サービスを利用するなら、訪問介護か通所介護を試してみましょう。サービスを利用している間家族がリフレッシュできる機会となります。

少しずつ試して、サービスを受ける生活に慣れていきましょう。

これだけある介護保険サービスの種類

居宅介護サービス

自宅に訪れる

訪問介護サービス

- 訪問介護 ➡96ページ
- 訪問入浴介護 予 ➡100ページ
- 定期巡回・随時対応型訪問介護看護（地） ➡102ページ
- 夜間対応型訪問介護（地） ➡104ページ
- 訪問看護 予 ➡106ページ
- 訪問リハビリテーション 予 ➡108ページ
- 居宅療養管理指導 予 ➡110ページ

自宅から通う

通所介護サービス

- 通所介護 ➡112ページ
- 通所リハビリテーション 予 ➡114ページ
- 認知症対応型通所介護（地） 予 ➡116ページ

短期入所サービス

- 短期入所生活介護 予 ➡118ページ
- 短期入所療養介護 予 ➡118ページ
- ※小規模多機能型居宅介護（地） 予 ➡120ページ
- ※看護小規模多機能型居宅介護（地） ➡122ページ

※訪問介護、通所介護を併せて受ける。

その他

- 福祉用具貸与 予 ➡124ページ
- 特定福祉用具販売 予 ➡126ページ
- 住宅改修 予 ➡128ページ

施設介護サービス

介護保険施設に入所する

- 介護老人福祉施設 ➡132ページ
- 介護老人保健施設 ➡134ページ
- 介護医療院 ➡136ページ

その他の施設で受ける

- 特定施設入居者生活介護 予 ➡142ページ
- 地域密着型介護老人福祉施設入所者生活介護（地） ➡144ページ
- 地域密着型特定施設入居者生活介護（地） ➡144ページ
- 認知症対応型共同生活介護（地） 予 ➡146ページ

予は要支援向けサービスのあるもの。（地）は地域密着型サービス。

自己負担分ですむサービスには限度がある

自己負担1割などですむ介護保険のサービスは、無制限に使えるわけではなく、1か月ごとに上限が設けられています。

介護保険サービスの利用料は、サービスの種類や内容、要介護状態などにより**「単位」が決まっています。1単位10円程度で利用料に換算します**（市区町村により1単位の金額は異なる→166ページ）。

たとえば、身体介護中心の訪問介護20～30分未満では、1回244単位です。1単位10円なら、利用料は2440円ということになります。

利用料のうち、1割などを利用者が負担します（→30ページ）。先ほどの例なら、2440円のうち244円または488円／732円を負担することになります。

居宅介護サービスには1か月ごとの上限がある

居宅介護サービスで利用するサービスには、1か月ごとの合計額に上限があります。これを**支給限度額（区分支給限度基準額）**といい、**要介護状態により決められています。**

市区町村によっては、特定のサービスごとの上限も設けられています（種類支給限度額）。いずれかを超えた分は、全額自己負担となります。

また、特定福祉用具販売の支給限度額は年10万円、住宅改修の支給限度額は年20万円です。この2つは、他のサービスと別に計算します。

介護保険のサービスを選ぶときは、この支給限度額を超えないように管理することがポイントです。なお、居宅療養管理指導は、この合計に含めません。

また、施設介護サービスや施設入所者への介護保険サービスには、支給限度額は設けられていません。

介護保険サービスで支払う額の計算

1　1か月ごとに、利用したサービスの金額（利用料）を合計する

サービス名	
＿＿＿＿＿＿	円
＿＿＿＿＿＿	円
＿＿＿＿＿＿	円
＿＿＿＿＿＿	円
合計	円

居宅療養管理指導（→110ページ）、特定福祉用具販売（→126ページ）、住宅改修(→128ページ）はこの計算に含めない。

2　合計額の1割を負担する

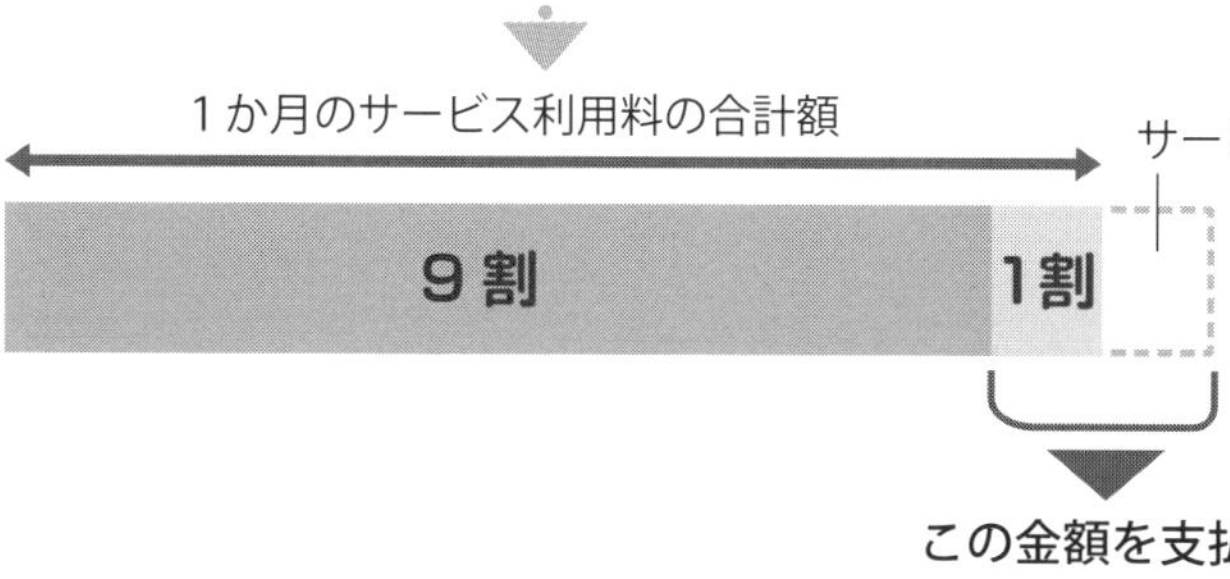

施設を利用したときの滞在費や食費、おやつ代、日常生活費など。

3　支給限度額を超えた場合

要介護状態により決められている。例・要支援1は月5万320円、要介護1は月16万7650円、要介護5は月36万2170円など。※居宅介護サービスの場合のみ。

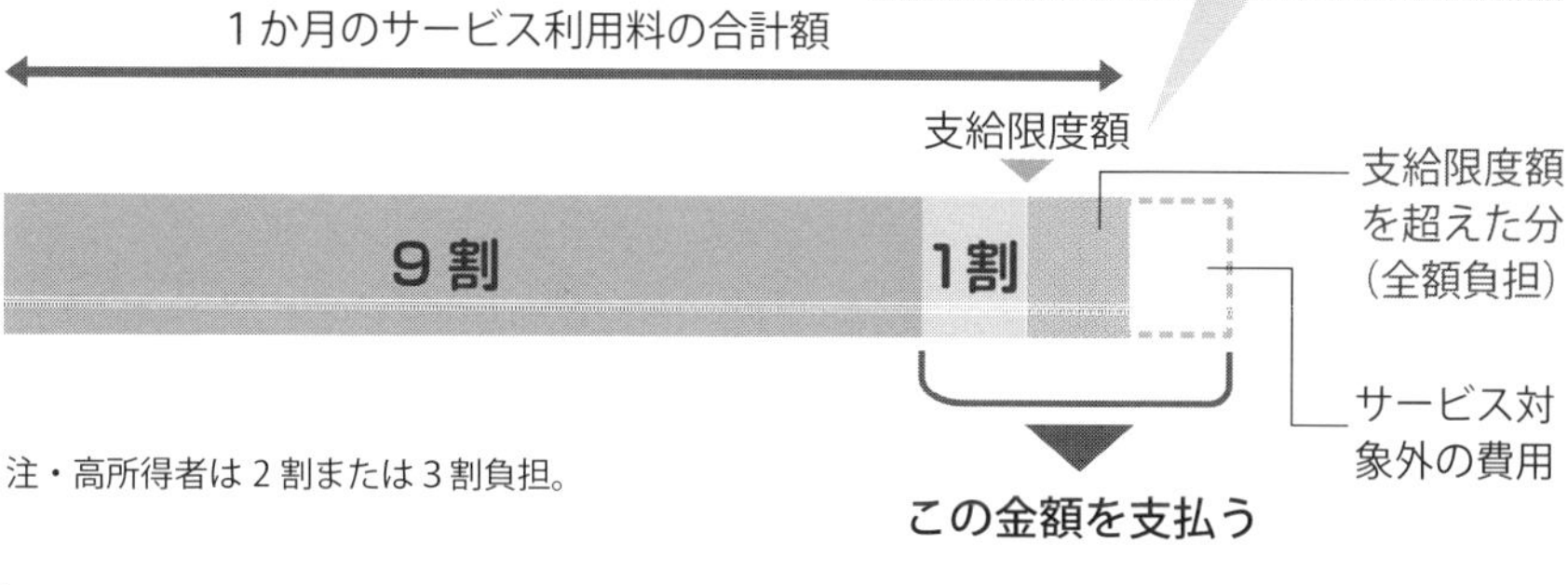

注・高所得者は2割または3割負担。

居宅介護サービス1

ヘルパーに来てもらう

□訪問介護（ホームヘルプ）

ホームヘルパー（訪問介護員）から、日常生活の援助などを受けます。生活改善を求める際に利用したいサービスです。

対象者　要介護1以上

訪問介護はホームヘルプともいい、**在宅で介護を受ける人の日常生活を支援するサービスです。**主に、食事や入浴、排泄の介助など、利用者の体に触れて行う**身体介護**と、利用者が1人ではできない、料理、洗濯、掃除、買い物などの家事を助ける**生活援助**の2つを行います。

通院などで利用する介護タクシー（乗り降りの介助をしてもらえる）も、**通院等乗降介助**として訪問介護の1つです。

在宅介護の心強い味方

通常1回30分前後、1日に複数回の利用もできます。時間帯は朝8時から18時が標準的で（事業者により異なる）、時間外のサービスには加算額が必要です。なお、身体介護のほうが割高となります。

在宅介護の心強い味方です。特に一人暮らし（独居）や、老老介護、同居家族が病気などの場合、とても役立つサービスです。

なお、家族が同居していて家事などを手伝える場合は、生活援助は利用できません。頼めることの範囲を、きちんと把握しておくことが大切です（↓98ページ）。

共生型サービス（高齢者と障害者へのサービスを1つの事業所で行うしくみ）の実施に伴い、訪問介護には「共生型訪問介護」が設けられています。

なお、要支援者への訪問介護サービスは、市区町村の総合事業が対応しています。

訪問介護の内容とポイント

サービスの内容

身体介護

利用者の体に触れて行う介護。

例
- 食事の介助・排泄の介助・着替えの介助
- 洗顔や歯みがき（身体整容）・入浴の介助、体をふく（清拭《せいしき》）
- 体位変換（寝たきりの人の体の向きを変える）・就寝や起床の介助
- 移動の介助・通院や外出の付き添い

生活援助

利用者のための日常の家事など。

例
- 掃除・洗濯
- 衣類の整理
- 一般的な調理
- 食事の用意やかたづけ
- 日用品の買い物
- 薬の受け取り
- ゴミ出し

「家事代行」ではない
- たばこやお酒など、嗜好品《しこうひん》の買い物は頼めない。
- 利用者に関係のない家事などは頼めない。
- 利用者がいないときは頼めない。

➡くわしくは次ページ

通院等乗降介助（介護タクシー）

ホームヘルパーの資格を持つ運転士が病院の送迎

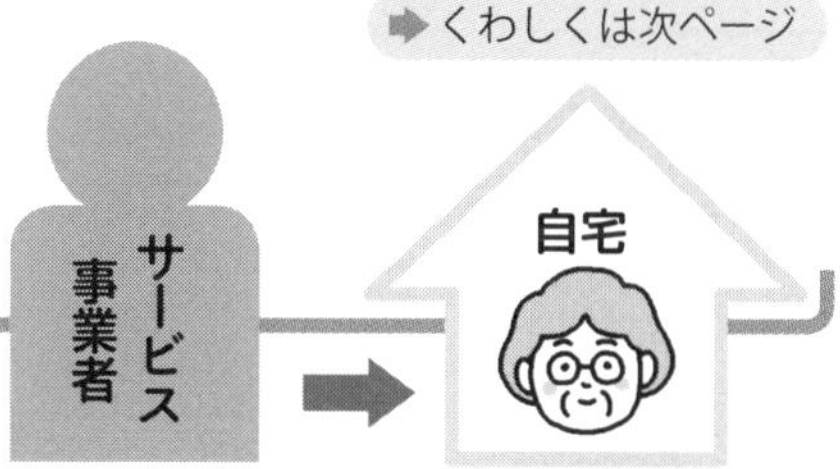

利用料の区分

身体介護（時間ごと）	20分未満	20分以上30分未満	30分以上1時間未満	1時間以上
生活援助（時間ごと）	20分以上45分未満	45分以上		
通院等乗降介助	1回ごと*			

以下30分ごとに加算

＊運賃は別途必要。

※早朝・夜間、深夜など、時間帯による加算あり。

※その他、特別なサービスには加算あり。

チェック

ヘルパーに頼めることと頼めないこと

訪問介護のサービス範囲を押さえておこう。

1 利用者本人のためではないこと

- 来客への応対（お茶や食事の手配など）
- 本人以外のための洗濯やふとん干し
- ほかの家族のための買い物
- 家族全員の食事づくり
- 玄関、廊下、リビング、トイレなど、家族との共用部分の掃除
- ほかの家族の部屋の掃除
- 本人が不在のときの家事
- 自家用車の洗車、清掃

など

訪問介護は、在宅介護で本人や家族ができない部分を援助するためのものです。何でもしてもらえるわけではありません。

生活援助は、**原則として利用者や家族ができることは頼めません**。同居している家族がいると、生活援助を受けられない市区町村もあります。

利用者のためのサービスなので、**ほかの家族などにかかわることは頼めません**。ペットの散歩や大掃除など、日常の家事とはいえないこともＮＧです。

ホームヘルパーに頼めないことを知っておく

✕ 2 日常生活に支障がないと思われること

- □ 日用品、生活必需品以外の買い物
- □ ペットの世話（エサやり、散歩など）
- □ 庭やベランダの掃除
- □ 庭の草むしり、庭木の剪定、植物の水やり
- □ 美容院や散髪の付き添い
- □ レストランでの食事
- □ カラオケや映画、ドライブなど娯楽の付き添い
- □ 法事や冠婚葬祭の付き添い
- □ 留守番　　など

✕ 3 「日常の家事」の範囲を超えること

- □ 家の修理や修繕
- □ 家具の移動や模様替え
- □ 大掃除や床のワックスがけ
- □ クリスマスなどの飾りつけ
- □ おせちなど特別な料理
- □ 特別な病人食の調理　　など

✕ 4 大部分の医療行為

- □ 床ずれの処置
- □ 食事療法の指導
- □ インスリンの注射　　など

ポイント

体温や血圧の測定、つめ切り（糖尿病などでは不可）、耳掃除は可。たんの吸引や経管栄養は特定の研修を受けた介護職員なら可。

✕ 5 お金や貴重品の取り扱いや管理

- □ 預金の引き出し
- □ 現金やカード、通帳、貴重品の管理

ポイント

お金を預けて買い物を頼むのはよいが、レシートや領収書を必ずもらうこと。

身体介護の場合、**原則として医療行為になるものは頼めません**（例外あり↓上図）。

その他、ホームヘルパーは契約（ケアプラン）に沿ってサービスを提供します。そのため、契約外のことは頼むことができません。

居宅介護サービス1

自宅で湯船につかれる

■訪問入浴介護

専用の簡易浴槽が用意され、入浴の介助を受けられます。自宅の風呂で入浴が困難な場合に利用できるサービスです。

対象者 **要介護1以上**

訪問入浴介護は、**専門の事業者が「入浴車」で訪れて、自宅内に簡易浴槽を持ち込んで行います。**

ホームヘルパーや家族がいても、体が不自由で風呂場への移動が難しい、浴室が狭くて介助がしづらいといった場合に活用できます。

3人態勢で行うのが基本

サービスは、**看護師1人、介護職員2人の3人で行うのが基本です。**

主治医の指示に基づき、看護師が入浴前後の利用者の体調をチェック、介護職員が入浴の介助を行います。利用者の状態が安定している場合に限って、介護職員のみで行うこともあります。

入浴時の体調や状況によっては、全身浴ではなく、部分浴や体をふく（清拭《せいしき》）だけにとどめることもあります。

スタッフが複数で専用の設備を使うため、利用料はほかのサービスより高めです。入浴の介助だけなら、訪問介護や通所介護でも可能なので、本人の状態に応じて選ぶとよいでしょう。

■介護予防訪問入浴介護

対象者 **要支援1、2**

要支援でもこのサービスを受けられます。ただし、自宅に浴室がない、病気で通所サービスの入浴介助を利用できないといった場合に限られます。

スタッフは2人となります（看護師と介護職員、または介護職員2人）。

訪問入浴介護の内容とポイント

サービスの内容　簡易浴槽を使って入浴の介助を受ける。

訪問入浴介護の手順

スタッフが訪問する

通常、看護師1人、介護職員2人の計3人。

▼

入浴前に健康状態を確認する

血圧、脈拍、体温の計測など。その間に浴槽が準備される。

▼

入浴する

通常10分程度。頭や体を洗ってもらう。

▼

入浴後のケア

着替え、水分補給、体調の確認が行われる。

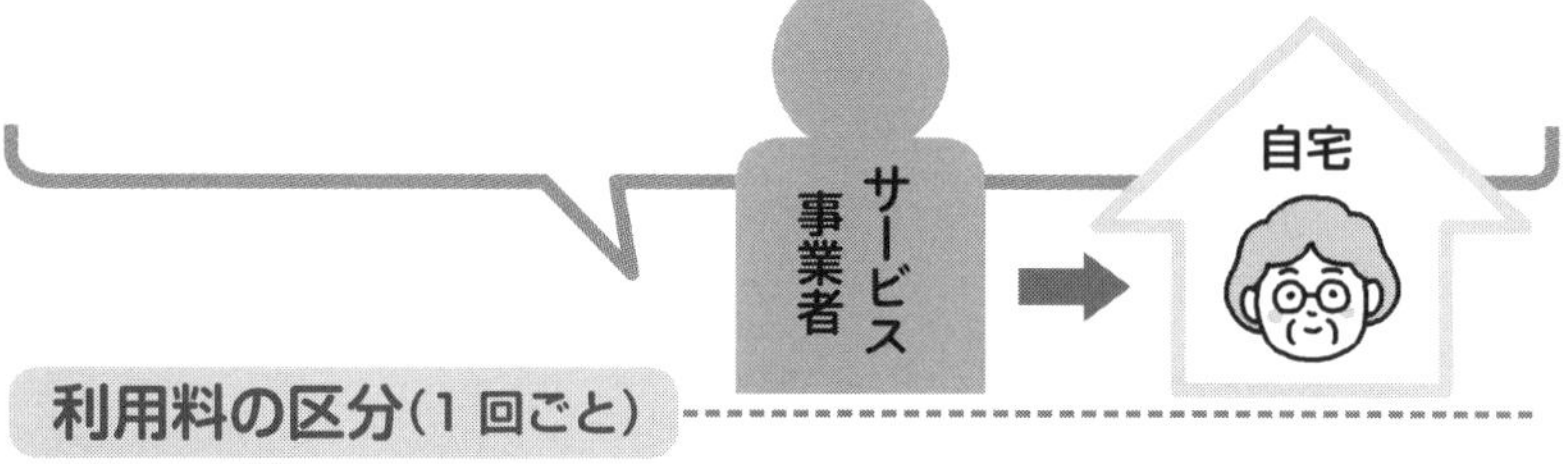

利用料の区分（1回ごと）

入浴の内容	部分浴や清拭のみ	全身浴
職員の構成	看護師がいない	看護師がいる

居宅介護サービス1

ヘルパーなどが定期的に訪問

定期巡回・随時対応型訪問介護看護

地域密着型サービス

介護と看護を組み合わせたサービスを24時間体制で利用できます。一人暮らしの人なども安心できるサービスです。

対象者 要介護1以上

定期巡回・随時対応型訪問介護看護では、**1日数回の「定期巡回」と、緊急時の「随時対応」といったサービスを組み合わせられます。訪問看護も受けられるのが特徴です。**

定期巡回は、ホームヘルパーや看護師などが定期的に自宅を訪れ、食事、排泄、入浴など日常生活の援助や療養に必要な世話を行います。必要な時間に、必要な回数のサービスを受けられます。

1日3回の食事と服薬を管理してもらったり、夜間に体位変換やおむつ交換を手伝ってもらうなど、利用者の希望や都合に合わせて、柔軟な計画を立てられます。

随時対応では、急な体調不良や困ったときなど、ケアコール端末*で連絡（通報）して、ホームヘルパーや看護師を派遣してもらうなどの対応を受けられます。いざというときの不安を解消できるサービスです。

利用料は1か月ごとの定額制で、訪問看護を行うかどうかによっても異なります。

*スイッチを押すと、オペレーションセンターなどにつながる装置。

ひとくちメモ

地域密着型サービスは市区町村が行う

地域密着型サービスは、介護が必要になったとき、住み慣れた地域で暮らせるよう、市区町村の指定・監督により提供されるサービスです。

原則として利用できるのは、その市区町村に住む人です。各市区町村の実情やニーズに合わせた、きめ細かなサービスを受けられるのが特徴です。

居宅サービスから施設サービスまで、さまざまなものがあります（→93ページの(地)マーク）。

定期巡回・随時対応型訪問介護看護の内容とポイント

サービスの内容

定期巡回（定期訪問）

訪問介護員や看護師の定期的な訪問により、日常生活の世話や療養の世話が行われる。

通報による対応（随時対応／随時訪問）

利用者からの通報により、その都度、状況に応じたサービスを受けられる。

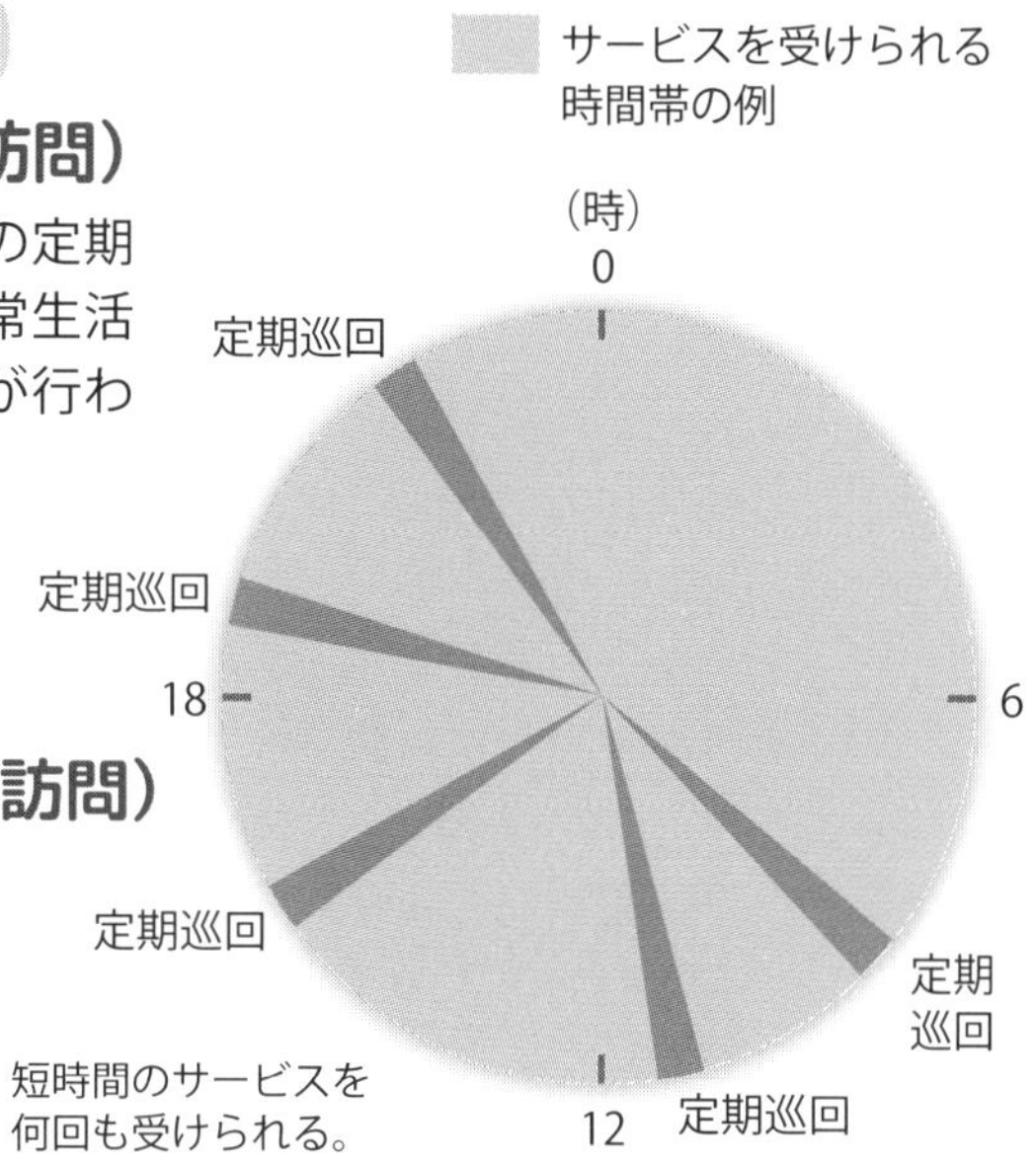

利用料の区分（1か月ごと）

要介護状態	要介護1	要介護2	要介護3	要介護4	要介護5
事業所の形態	一体型＊1（訪問看護を行う）	一体型（訪問看護を行わない）	連携型＊2	夜間訪問型	

＊1　1つの事業所が訪問介護と訪問看護を行う。
＊2　訪問介護を行う事業者と訪問看護を行う事業者が連携して行う。
※その他、特別なサービスには加算あり。

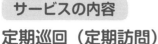

居宅介護サービス1

地域密着型サービス

夜間の介護をサポート

□夜間対応型訪問介護

家族にとって負担になりがちで、本人の不安も大きい、夜間の介護に特化したサービスを受けられます。

対象者 要介護1以上

夜間対応型訪問介護は、**夜間に利用できる訪問介護**（→96ページ）**です**。ホームヘルパーの夜間の定期的な巡回により、排泄の介助やおむつ交換、体位の変換、安否確認など、短時間のサービスを受けられます。訪問時刻や回数は、あらかじめ決めておきます。

また、体調の急変など、問題や困ったことが起きたときは、ケアコール端末（→102ページ）により連絡（通報）して対応してもらえます。通報を受けたオペレーターが必要と判断した場合、ホームヘルパーなどが急行します（随時訪問）。状況によって、応急処置のアドバイスや救急車の手配もしてもらえます。

サービスの時間帯は、18時～翌朝8時までですが、事業者により幅があります。**通報に対応する専門のオペレーションセンター（→左ページ）を設置しているかどうかによっても、利用料が異なります**。事業所の数が少ないため、まずサービス事業所の有無を確認しましょう。

ひとくちメモ

訪問介護サービスを上手に使い分ける

介護保険の訪問介護系のサービスは、訪問介護と定期巡回・随時対応型訪問介護看護、夜間対応型訪問介護の3つです。

日中の生活支援や外出の介助が必要なら訪問介護、1日複数回の介護や、看護師の訪問が必要なら定期巡回・随時対応型訪問介護看護がよいでしょう。サービスの特徴を把握して使い分けます。

組み合わせるなら、訪問介護を軸に、不足する部分を他のサービスで補いましょう。

夜間対応型訪問介護の内容とポイント

サービスの内容

定期巡回

夜間、定期的にヘルパーが利用者の自宅を訪問して、介護（寝返り介助、おむつ交換、安否確認など）を行う。

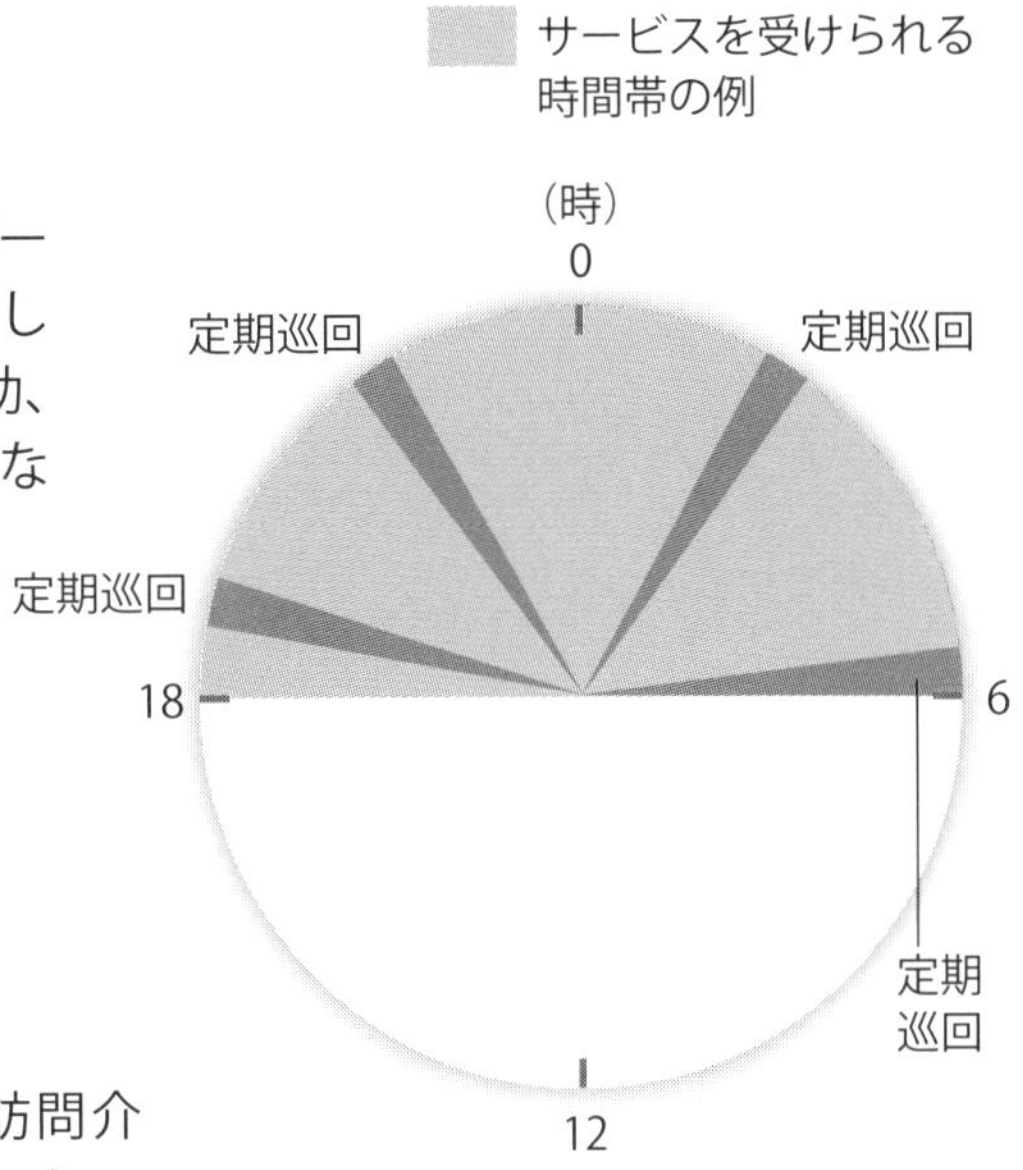

夜間に短時間のサービスを受けられる。

通報による対応（随時訪問）

利用者からの通報で訪問介護などを行う。オペレーションセンターがある場合、オペレーターが対応し、訪問の必要性を判断したり、適切なアドバイスを行う。

利用料の区分

オペレーションセンターがある → 基本利用料（1か月ごと） ＋ サービス料*1（1回ごと）

オペレーションセンターがない → 基本利用料*2（1か月ごと）

＊1 定期巡回、随時訪問の回数や訪問介護員の数により異なる。その他、特別なサービスには加算あり。

＊2 定期巡回、随時訪問含む。

居宅介護サービス1

看護師に来てもらう

□訪問看護

看護師などの訪問により、身体介護などとともに、療養上の世話を受けられます。医師の指示が必要なサービスです。

対象者　要介護1以上

訪問看護では、**要介護者が病気やケガなどで自宅療養する場合に、看護師や保健師などから、病状や体調の確認、医療的な処置、服薬の指導や管理などを受けられます。**

療養に必要な食事や排泄の介助、体位変換などの身体介助もサービスに含まれます。理学療法士などによる機能訓練が行われる場合もあります。ただし、料理や掃除といった家事（生活援助）は頼めません。

訪問看護を利用したいときは、まず主治医に相談します。サービスは、主治医が作成した「訪問看護指示書」により行われます。

サービス事業者は訪問看護ステーションや病院などです。訪問介護を提供するところもあります。

なお訪問看護は、病状や病気によっては、公的医療保険の対象になります（↓ひとくちメモ）。

□介護予防訪問看護

対象者　要支援1、2

自立支援として主治医が必要を認めた場合に利用できます。

ひとくちメモ

訪問看護で医療保険が適用される場合とは？

訪問看護は、要介護認定を受けている場合、基本的には介護保険が優先です。例外的に、左の場合に公的医療保険の対象となります。

公的医療保険適用となるケース

- 末期がん
- 厚生労働大臣が指定した難病
- 急性増悪などで、一時的に頻繁な看護が必要と医師が指示した場合（14日以内）
- 精神科訪問看護

訪問看護の内容とポイント

サービスの内容

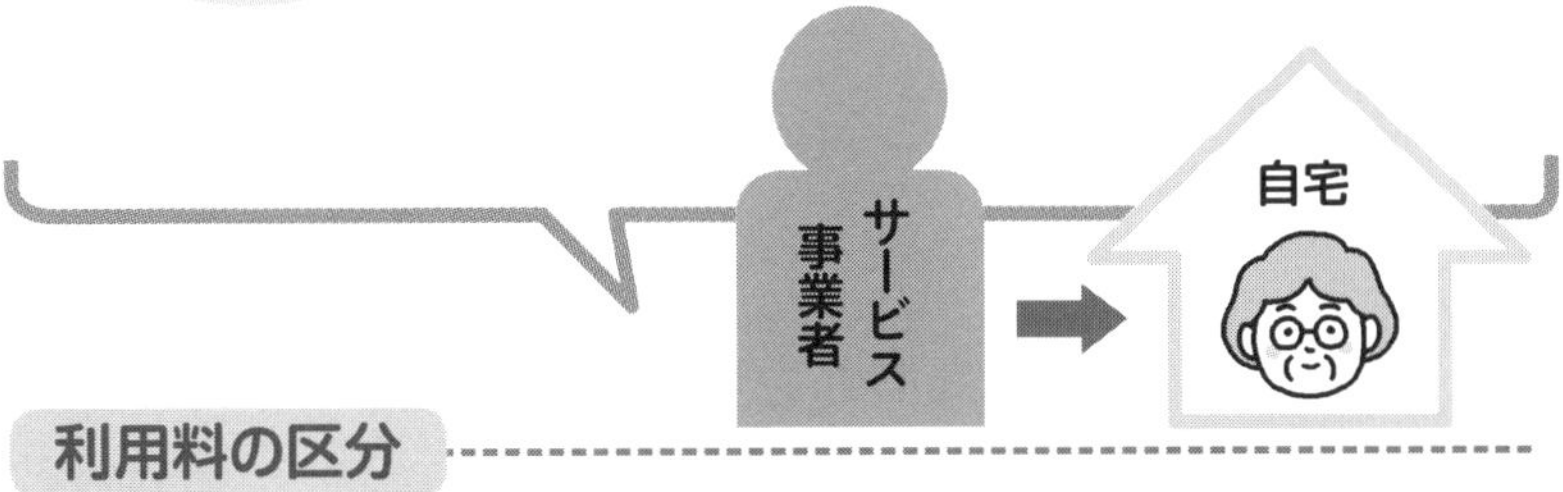

利用料の区分

事業所の種類	病院または診療所	訪問看護ステーション		
利用時間	20分未満	30分未満	30分以上1時間未満	1時間以上1時間30分未満

※早朝・夜間、深夜など、時間帯による加算あり。

※その他、特別なサービスには加算あり。

居宅介護サービス1

自宅でリハビリができる

□訪問リハビリテーション

医師の指示により理学療法士などに訪問してもらい、自宅で、機能回復のリハビリテーションを受けられます。

対象者　要介護1以上

訪問リハビリテーションは、退院後の日常生活に不安がある、病院やリハビリテーション施設に通うのが難しいといった場合に、**自宅で機能回復のための訓練や指導を受けられます**。介護をする家族には、療養のアドバイスが行われます。

医師が必要と認めた場合に利用できます。利用者の状態に応じて、主治医の指示により理学療法士、作業療法士、言語聴覚士のいずれかの専門職が選ばれます。

主治医の指示によって、病院や診療所、介護老人保健施設などが、指定訪問リハビリテーション事業者として、サービスを提供します。

なお、自宅から通ってリハビリを受ける、通所リハビリテーション（↓114ページ）もあります。

□介護予防訪問リハビリテーション

対象者　要支援1、2

要支援者の場合は、介護予防を目的とした機能訓練を受けられます。ただし、施設に通える場合は対象になりません。

ひとくちメモ

リハビリは通所がよい？訪問がよい？

訪問リハビリテーションは、実際に生活する環境に見合った訓練を、個別に受けられます。自宅なのでリラックスして取り組めるのもメリットです。

通所リハビリテーションには、施設のリハビリ機器などを利用できる、ほかの利用者と交流する機会になるなどのメリットがあります。

それぞれ一長一短があるので、主治医と相談しながら、本人の状態に適したほうを選びましょう。

訪問リハビリテーションの内容とポイント

サービスの内容　専門職の訪問により、自宅で機能回復訓練や日常生活動作訓練などを受ける。

こんな専門職の訪問を受けられる

理学療法士

体操や運動、マッサージなどにより、日常生活に必要な基本動作の機能回復をはかる（理学療法）。

作業療法士

工作や手芸、家事などで、心身の機能や社会適応能力の回復をはかる（作業療法）。

言語聴覚士

発声や発語などの訓練、飲み込み（嚥下）の訓練など（言語聴覚療法）。

利用料の区分（1回ごと／20分）

※リハビリの実施計画・管理（リハビリテーションマネジメント）や短期集中のリハビリなど、特別なサービスには加算あり。

居宅介護サービス1

自宅で療養の指導を受ける

■居宅療養管理指導

医師や看護師などに、自宅で療養上の管理や指導を受けられます。支給限度額の枠外となるため、使いやすいサービスです。

対象者 要介護1以上

居宅療養管理指導では、本人の状態により通院が難しい場合に、**自宅で医療の専門職など（↓左ページ）の往診などによる服薬の管理や口腔ケア、食事指導や、自宅での療養や介護保険サービスに関する、指導やアドバイスをもらえます。**

利用者だけではなく、介護をする家族もアドバイスを受けられます。介護をより円滑に行うために役立ちます。

なお、このサービスでは治療などの医療行為は頼めません。

サービスを利用するには、主治医やケアマネジャーに相談して要望などを伝え、担当してもらう専門職や往診の内容などを決めましょう。

利用料は職種によって異なります。支給限度額（↓94ページ）の枠外となるため、ほかのサービスとの兼ね合いを考える必要はありません。

■介護予防居宅療養管理指導

対象者 要支援1、2

介護予防を目的とした指導やアドバイスが受けられます。

ひとくちメモ

高齢者に重要な口腔ケア

むし歯や歯周病、合わない入れ歯は、よく噛めないため内臓に負担をかけ、全身の不調にもつながります。食事を楽しめなくなると、認知機能の低下を招くともいわれます。

口の中を衛生的・健康的に保つ口腔ケアにより、こうした状態を予防します。誤嚥《ごえん》性肺炎や感染症の予防にもつながります。

居宅療養管理指導による、歯科医師のアドバイスや口腔ケアを、毎日の生活で役立てましょう。

居宅療養管理指導の内容とポイント

サービスの内容 医療関係者などの専門職に来てもらい、療養上のアドバイスや説明、指導を受ける。

こんな専門職の訪問を受けられる

（ ）内は介護保険を使って利用できる回数（原則）。

医師
利用者の健康状態の管理、在宅介護のアドバイスなどを行う（月に2回まで）。

歯科医師
利用者の口腔のチェック、在宅介護のアドバイスなどを行う（月に2回まで）。

歯科衛生士
口腔内の清掃や指導を行う（月に4回まで）。

薬剤師
服薬の管理などを行う（病院の薬剤師は月に2回まで。薬局の薬剤師は月に4回まで）。

管理栄養士
食事管理が必要な人に献立や調理の指導を行う（月に2回まで）。

保健師
療養上の相談や支援を行う（サービス開始から6か月に2回まで）。

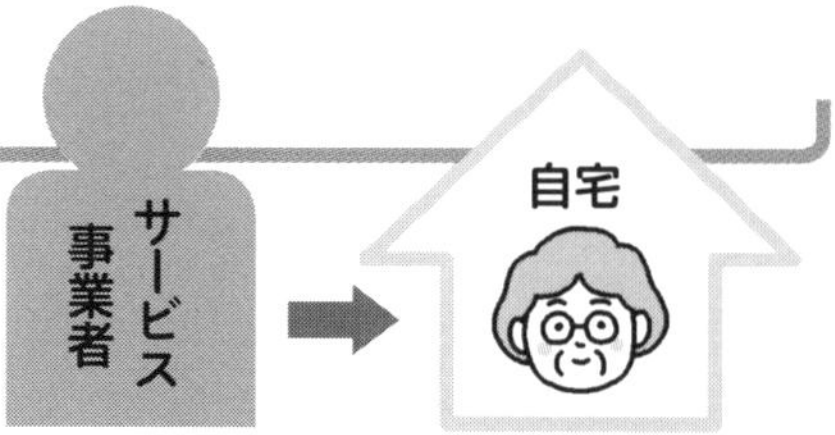

利用料について（1回ごと）

支給限度額の計算には含めない。

専門職の種類

歯科衛生士　保健師　医師　歯科医師　管理栄養士　薬剤師

※利用料は、同じ施設内で指導・助言した人数により異なる。

居宅介護サービス2

日中を施設で過ごす

■通所介護（デイサービス）

デイサービスセンターなどに送迎してもらい、食事や入浴、機能訓練、レクリエーションなどのサービスを受けます。

対象者　要介護1以上

通所介護は、自宅から施設に通って受ける通所サービスの代表的なものです。**デイサービスともいいます。自宅にこもりがちな要介護者が、外へ出て他人と接する機会にもなります。**介護をする家族にとっても、その間介護から離れて休息できるメリットがあります。

デイサービスセンター（通所介護施設）や老人介護福祉施設などで行われます。施設にはホームヘルパーや生活相談員、看護師が常駐しており、体調管理や日常の生活援助、療養の世話などを受けられます。

10人程度の小規模施設から50人程度という大規模施設まであります。また、理学療法士のリハビリテーションを受けられる施設もあります。

施設選びでは、施設見学をして実際の雰囲気なども確かめます。

なお、要支援者への訪問介護サービスは、市区町村の総合事業が対応しています。

看護が必要な人に対する療養通所介護もあります（↓114ページ）。

ひとくちメモ

地域密着型の通所介護もある

［対象者］要介護1以上

地域密着型通所介護は、利用定員18人以下のデイサービスセンターなどで行われる通所介護です。市区町村が指定して監督する地域密着型サービスの1つです。日常生活の支援や機能訓練など、通所介護と同様のサービスを受けられます。

利用料は、要介護状態と利用時間（通所介護と同様、3時間以上9時間未満の間で1時間きざみ）により異なります。

通所介護の内容とポイント

サービスの内容

利用料の区分

要介護状態	要介護１	要介護２	要介護３	要介護４	要介護５	
利用時間	３時間以上４時間未満	４時間以上５時間未満	５時間以上６時間未満	６時間以上７時間未満	７時間以上８時間未満	８時間以上９時間未満
施設の規模	通常規模（１か月の利用人数750人以下）	大規模Ⅰ（１か月の利用人数900人以下）	大規模Ⅱ（１か月の利用人数900人超）			

※その他、特別なサービスには加算あり。

※食費、おむつ代、日常生活費は全額自己負担。

居宅介護サービス2

自宅から通ってリハビリを行う

■通所リハビリテーション（デイケア）

主治医の指示により施設に通って、自立をめざすリハビリテーションに重点を置いたサービスを受けられます。

対象者　要介護1以上

通所リハビリテーションは、介護老人保健施設（→１３４ページ）や医療施設など、**設備が整った環境で、理学療法士、作業療法士、言語聴覚士などによるリハビリテーションを受けられます。デイケアともいいます。**医師が必要と認められる場合に利用できます。

通所介護との大きな違いは、リハビリテーションのプログラムが中心になるところです。そのため、レクリエーションなどは少なめです。

利用者ごとに、個別訓練や集団訓練などを組み合わせたリハビリテーション実施計画を作成して行われます。なお、病院のリハビリテーションとの併用はできません。

施設選びでは、サービス内容をよく確認するとともに、事前に見学してみることが大切です。

■介護予防通所リハビリテーション

対象者　要支援1、2

要支援の人は自立支援のために、いくつかのサービスから選択して利用できます。

ひとくちメモ

療養通所介護なら看護も行う

常に看護師による観察を必要とする難病、認知症、脳血管疾患の後遺症、がん末期患者などを対象とした通所介護です（第2号被保険者も対象となる）。

少人数のスタッフにより、医師や訪問看護ステーションなどと連携したサービスが行われます。個別対応に近いきめ細かな介護（日常生活の支援、機能訓練など）が特徴です。

令和6年4月から、7日以内の「短期利用型」がつくられました。

通所リハビリテーションの内容とポイント

サービスの内容

理学療法士、作業療法士、
言語聴覚士などによる

施設への送迎

リハビリテーション
（機能回復訓練や日常生活動作訓練）

ポイント

通所サービスでは、以下のものは全額自己負担。

- 食費・おやつ代
- おむつ代
- 日常生活費
- 特別なサービス*
- 対象地域外への送迎交通費

＊入浴介助や時間延長など。

利用料の区分

要介護状態	要介護１	要介護２	要介護３	要介護４	要介護５
利用時間	１時間以上２時間未満	２時間以上３時間未満	３時間以上４時間未満	４時間以上５時間未満	５時間以上６時間未満
				６時間以上７時間未満	７時間以上８時間未満
施設の規模	通常規模（１か月の利用人数750人以下）	大規模（１か月の利用人数750人超）			

※その他、特別なサービスには加算あり。
※食費、おむつ代、日常生活費は全額自己負担。

居宅介護サービス2

認知症改善に特化したサービス

□認知症対応型通所介護

地域密着型サービス

認知症の人を対象とした定員12人以下の少人数の施設です。生活支援や機能訓練を受けられます。

対象者	要介護1以上で認知症の高齢者

認知症対応型通所介護は、**一般の通所介護（↓112ページ）になじみにくい認知症の人のための通所介護です**。利用には、認知症の診断や市区町村によっては「*認知症高齢者の日常生活自立度」の確認が必要になります。

認知症の知識を持ったスタッフによる、1人ひとりの状態に合わせた、きめ細かな介護が受けられます。

左ページのように、単独型、併設型、共用型の3タイプがあり、利用料が異なります。いずれも基本的なサービスの内容は変わりません。

本人が不安なく安定した状態ですごせることが重要です。事業所見学で、雰囲気や職員との相性などをしっかり見きわめましょう。利用料は、一般の通所介護より高めです。

□介護予防認知症対応型通所介護

対象者	要支援1、2で認知症の高齢者

要支援の場合も、介護予防を目的とした利用が可能です。

＊認知症の人の介護の度合い。

ひとくちメモ

認知症高齢者への接し方の基本

認知症の症状により、接し方も一様ではありません。

家族は、現実を受け入れようとする姿勢が大切です。話すときには、基本的に肯定的な受け答えを心がけます。

環境の変化が苦手なので、できるだけ毎日の生活リズムを整えて、急な変更などは避けましょう。

家族だけで抱え込まず、地域で似た環境の仲間をつくって情報交換することで、視野が広がり息抜きにもなります。

認知症対応型通所介護の内容とポイント

サービスの内容

認知症の高齢者に特化した、少人数の通所介護を受けられる。

施設には3つの種類がある

単独型
専用の施設（民家などを利用）でサービスを行う。

併設型
特別養護老人ホームや医療機関、介護老人保健施設などに併設されている。

共用型
グループホームの食堂やリビング（共用部分）などを利用する。

利用料の区分

要介護状態	要介護1	要介護2	要介護3	要介護4	要介護5	
利用時間	3時間以上4時間未満	4時間以上5時間未満	5時間以上6時間未満	6時間以上7時間未満	7時間以上8時間未満	8時間以上9時間未満
施設の種類	共用型	併設型	単独型			

※その他、特別なサービスには加算あり。
※食費、おむつ代、日常生活費は全額自己負担。

居宅介護サービス3

短期間施設に入所する

□短期入所生活介護（ショートステイ）
□短期入所療養介護（医療型ショートステイ）

一時的に施設に入所して、日常生活の援助などを受けられます。生活介護と療養介護の2種類があります。

□短期入所生活介護

対象者　要介護1以上

介護老人福祉施設やショートステイの専門施設に、**数日から連続30日の範囲で入所して、日常生活の援助などを受けられるサービスです。ショートステイともいいます。**

本人の体調の変化などで、一時的に在宅介護が困難なときや、家族が家をあけなければならない場合のほか、家族が介護から離れてリフレッシュするといった理由でも利用できます。

□短期入所療養介護

対象者　要介護1以上

日常生活の援助に加え、**医師や看護師による療養上の世話や機能訓練などを受けられるサービスです。医療型ショートステイともいいます。**

施設選びは、サービス内容をよく確認し、施設見学により雰囲気や職員のようすなどをチェックすることが大切です。

また、生活環境が大きく変わるため、本人の負担やストレスに注意します。体験入所や短めの入所から始めるとよいでしょう。

□介護予防短期入所生活介護
□介護予防短期入所療養介護

対象者　要支援1、2

いずれも、短期入所による介護予防を目的としたサービスを受けることができます。

短期入所生活介護／療養介護の内容とポイント

サービスの内容　施設に短期間入所して、日常生活の支援や機能訓練などを受ける。

短期入所生活介護

介護老人福祉施設（→ 132 ページ）や短期入所専用施設などに入所する。

短期入所療養介護

介護老人保健施設（→ 134 ページ）や病院、診療所などに入所する。

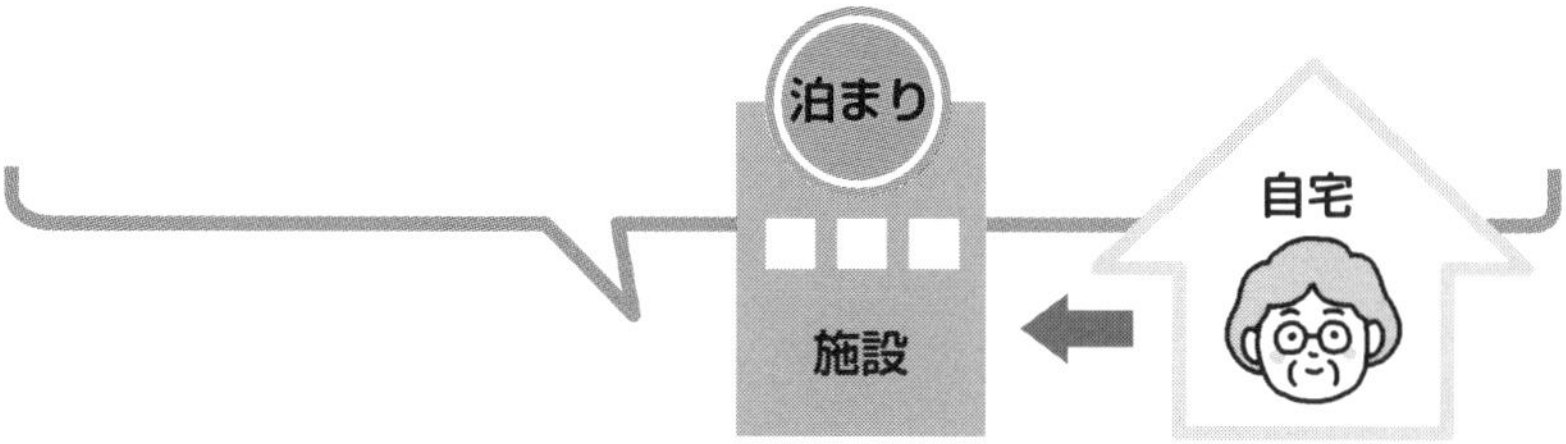

利用料の区分（1日ごと）

要介護状態	要介護 1	要介護 2	要介護 3	要介護 4	要介護 5
施設の種類	併設型*	単独型*			
居室のタイプ	従来型個室（定員1名）	多床室（定員2名以上）	ユニット型（共同スペースと個室）		
事業所の種類（療養介護の場合）	病院・診療所の療養病床	介護老人保健施設	介護医療院		

＊ 117 ページを参照。

※滞在費や食費、おやつ代、日常生活費は全額自己負担。

居宅介護サービス3

1つの事業所にサービスをまかせる

小規模多機能型居宅介護

地域密着型サービス

登録した1つの事業者によっては、訪問介護、通所介護、短期入所生活介護の3つのサービスを組み合わせて利用できます。

対象者　要介護1以上

介護保険のサービスは、基本として、サービスごとに個別の事業者と契約します。小規模多機能型居宅介護では、1つの事業者と契約（登録）することにより、**複数のサービスを臨機応変に利用できます。**

地域密着型の小規模施設のため、利用定員は少人数です。家庭的な雰囲気のなか、顔なじみの職員に担当してもらえます。特に一人暮らしや老老介護、遠距離介護、認知症の人などに心強いサービスです。

登録後のサービス管理は、小規模多機能型居宅介護事業者のケアマネジャーが行うことになります。そのため、それまで依頼していたケアマネジャーや、利用していた居宅介護サービスは使えなくなります。

また、サービスの一部に不満があっても、それだけ他の事業者に変更するということはできません。

介護予防小規模多機能型居宅介護

対象者　要支援1、2

要支援の場合も、介護予防を目的とした利用が可能です。

メリットとデメリットをよく検討する

メリット		デメリット
事業者が一本化され、意思の疎通がはかりやすい。	⟷	ほかの事業者を使えない。
必要に応じてサービスの変更がしやすい。	⟷	訪問介護や通所介護など、内容が重複する他の介護保険サービスは使えない。
定額制のため、費用がわかりやすい。	⟷	サービスの利用が少ないと割高。

小規模多機能型居宅介護の内容とポイント

サービスの内容

１つの窓口（サービス事業所）により、３つの介護サービス（①訪問介護、②通所介護、③短期入所生活介護）を組み合わせて受ける。

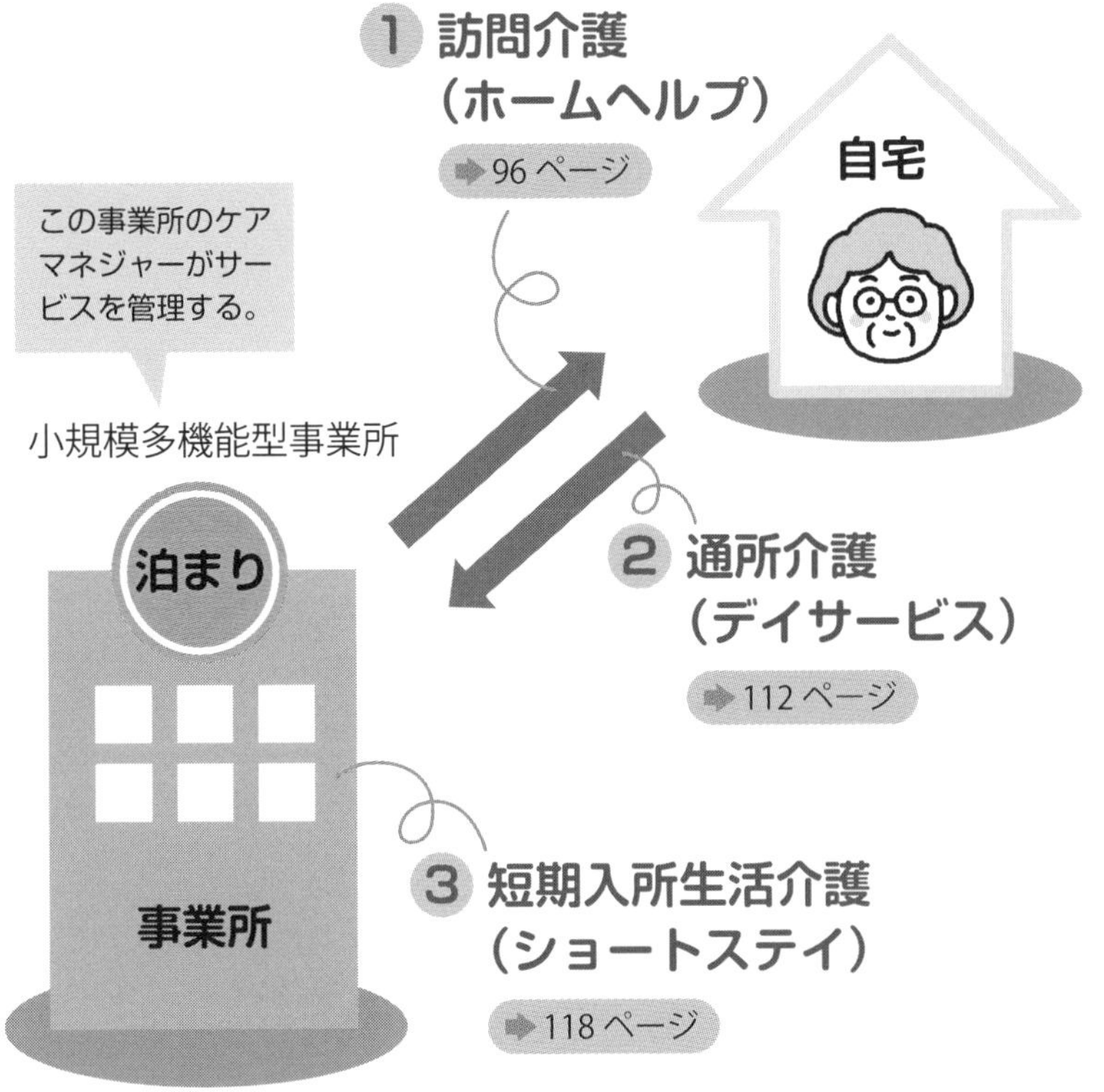

利用料の区分（１か月ごと）

要介護状態	要介護１	要介護２	要介護３	要介護４	要介護５

※滞在費や食費、おむつ代、日常生活費は全額自己負担。

居宅介護サービス3

医療と介護を1つの事業所で

地域密着型サービス

□看護小規模多機能型居宅介護

小規模多機能型居宅介護の3つのサービスに加えて、訪問看護も1つの事業者から受けることができます。

対象者　要介護1以上

看護小規模多機能型居宅介護では、1つの事業者と契約（登録）することにより、**訪問介護、通所介護、短期入所生活介護に加え、主治医の指示に基づく訪問看護も組み合わせて利用できます。**療養の世話も必要な利用者にとって利便性が高いサービスです。

ちなみに、このサービスは「複合型サービス」といわれていましたが、改正により地域密着型サービスとなったものです。

1人のケアマネジャーがサービスを一元管理するため、各サービスを柔軟に組み込んだケアプランが可能です。いつも同じスタッフにサポートしてもらえる安心感もあります。

ただし、ほかの居宅サービスなどとの併用はできなくなるので、注意が必要です。

主治医やケアマネジャーに相談して、サービスを個別に利用した場合との違いや、メリット、デメリットをよくくらべてみましょう。

利用料は1か月ごとの定額制です。

ひとくちメモ

通所介護サービス選びのポイント

通所介護サービスを選ぶときは、次のようなポイントを検討するとよいでしょう。

□**施設の規模**　小規模か大規模かで、雰囲気がずいぶん違う。

□**機能訓練の内容**　これが明確でないと心身状態の改善が期待しにくい。

□**時間帯や営業日**　送迎にかかる時間を含め、希望する曜日や時間に利用できるか。

□**利用料**　保険外の費用（全額負担）を必ず確認。

看護小規模多機能型居宅介護の内容とポイント

サービスの内容

１つの窓口（サービス事業所）により、４つの介護サービス（①訪問介護、②訪問看護、③通所介護、④短期入所生活介護）を組み合わせて受ける。

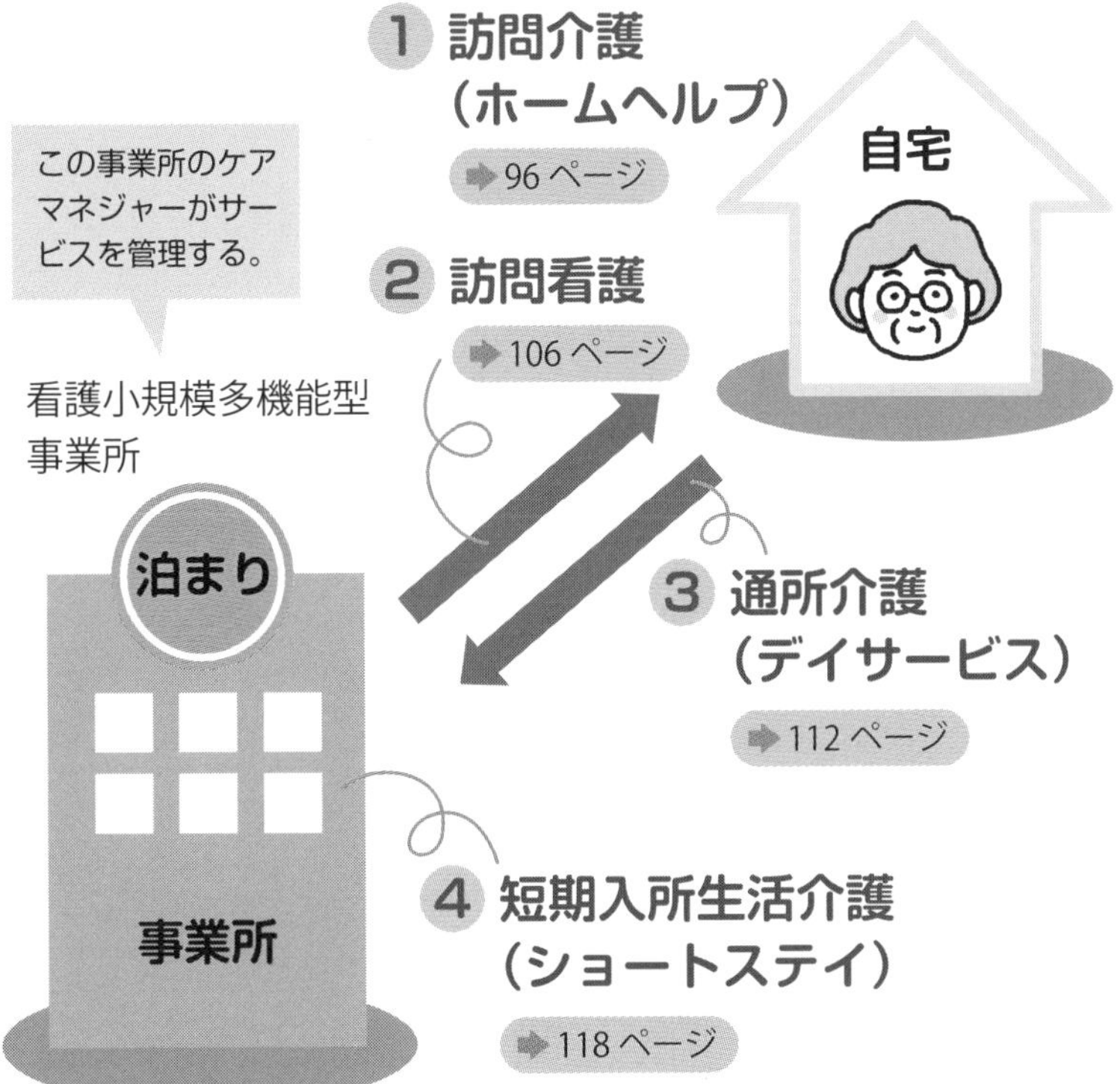

利用料の区分（1か月ごと）

要介護状態	要介護1	要介護2	要介護3	要介護4	要介護5

※滞在費や食費、おむつ代、日常生活費は全額自己負担。

福祉用具の入手には介護保険が使える

介護をするとき必要になる「福祉用具」は、介護保険を使えば、自己負担分のみで、レンタルや購入ができます。

「借りる」…福祉用具貸与

対象者　要介護1以上

福祉用具とは、要介護者の生活を助け、介護の負担を軽減する用具や機器です。**介護保険を使ったレンタル（福祉用具貸与）なら、経済的な負担を軽くできます。**

福祉用具貸与の利用額は、他のサービスとの支給限度額の計算に含めるため、まずはケアマネジャーに相談する必要があります。

市区町村指定の事業者に申し込みます。福祉用具専門相談員（→ひとくちメモ）に要望を伝え、適した用具を選びましょう。また、**一部の福祉用具は貸与か購入かを選ぶことができます**（→7ページ）。

■介護予防福祉用具貸与

対象者　要支援1、2

用具は限定されますが、自立をサポートする用具を借りられます。

ひとくちメモ

福祉用具専門相談員とは

都道府県や市区町村の指定を受けた福祉用具事業者の事業所には、2人以上の「福祉用具専門相談員」がいます。福祉用具レンタルや購入について、アドバイスや扱い方の説明を受けられます。

定期的な用具点検や使用状況の確認もしてもらえます。

必要なものをチェック（借りられるもの）

要支援、要介護1から借りられる

□ **歩行器**
歩行を助けるもの。車輪のあるタイプとないタイプがある。

□ **歩行補助杖**
松葉杖、カナディアン・クラッチ、
プラットホーム・クラッチ、多点杖など。

□ **スロープ**　設置工事を伴わないもの。

□ **手すり**　取り付け工事を伴わないもの。

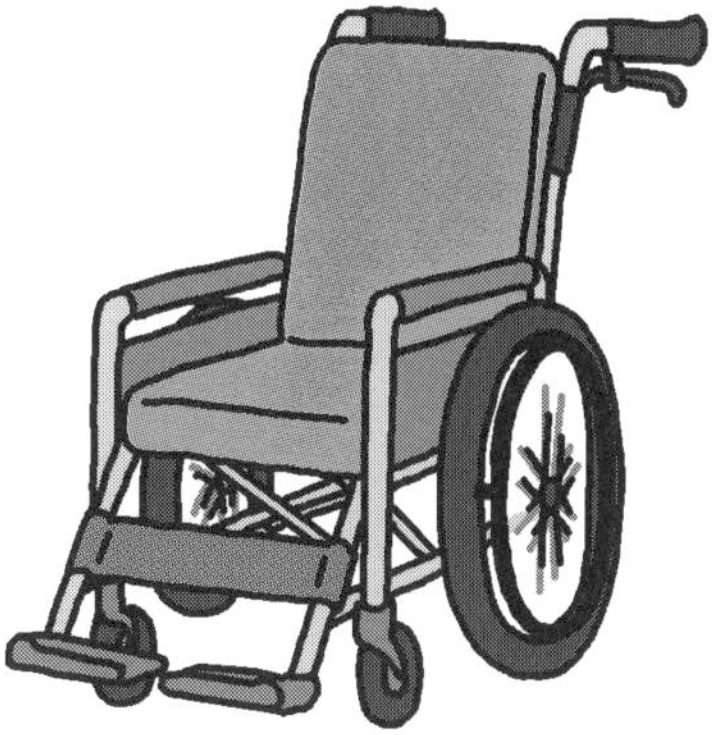

車いすには自分で操作する自走式、介助者が押す介助式などがある。座ったときに楽か、移乗（乗り降り）や移動のとき扱いやすいかを確認する。

要介護2から借りられる

□ **車いすと付属品**
付属品とは、クッションやパッド、
電動補助用品など。

□ **介護ベッド（特殊寝台）と付属品**
サイドレールがつき、背上げや昇降機能のあるもの。付属品とは、マットレスやサイドレールなど。

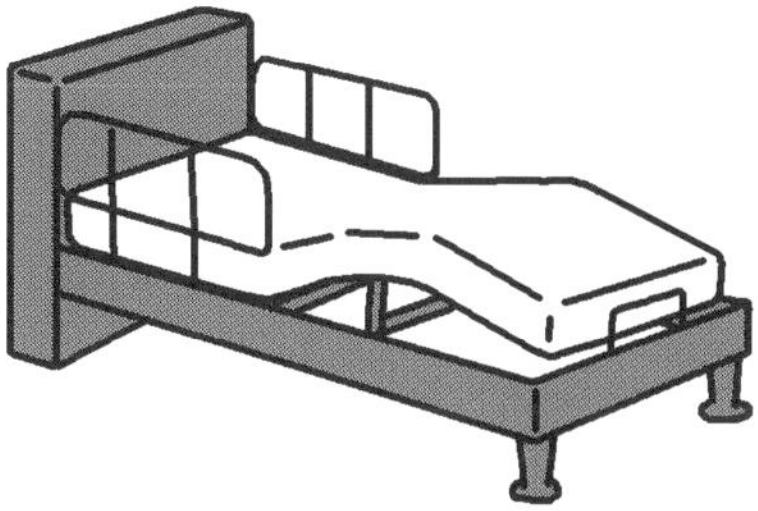

介護用ベッドは、余裕を持って寝返りできる幅があるか確認する。ベッド用手すりがあると便利。

□ **体位変換器**
仰向け→うつ伏せなど、体の向きを変えやすくする空気パッドなど。

□ **床ずれ防止用具**
エアーマット、ウォーターマットなど。

□ **認知症老人徘徊感知機器**
玄関などに設置して、要介護者が屋外に出ようとすると家族などに通報するセンサー。

□ **移動用リフト**　住宅改修を伴うものを除く。

要介護4から借りられる

□ **自動排泄処理装置（本体部分）**　尿や便を自動的に吸引する装置。

利用料について（1か月ごと）

レンタル料は業者や品目により異なる。目安として、全国平均貸与価格、貸与価格の上限が公表されている（厚生労働省ホームページ）。

「購入する」…特定福祉用具販売

腰かけ便座

和式便器の上に置いて腰かけ式にするもの、洋式便器の高さを補うものなど。

- 本人の身体機能に合ったもの。手入れがしやすいもの。

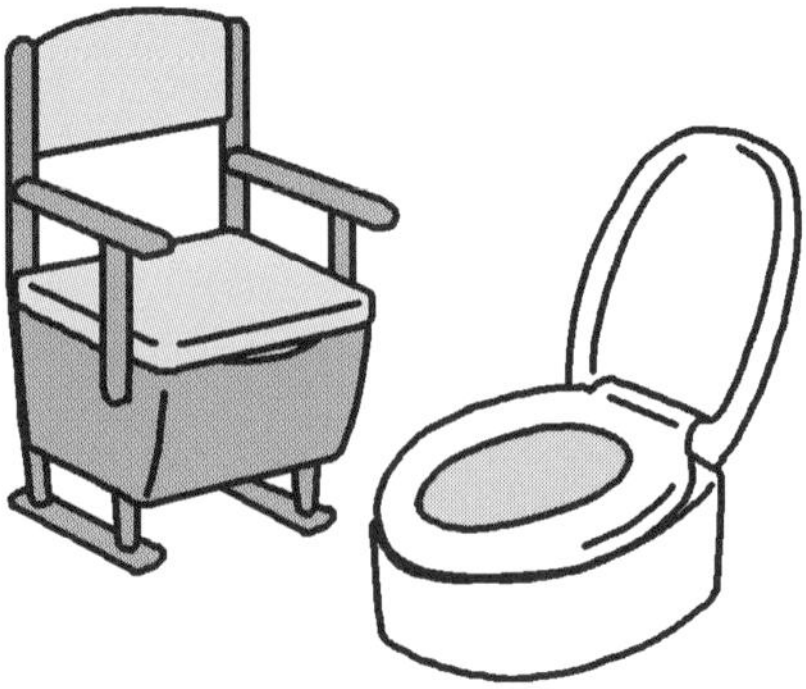

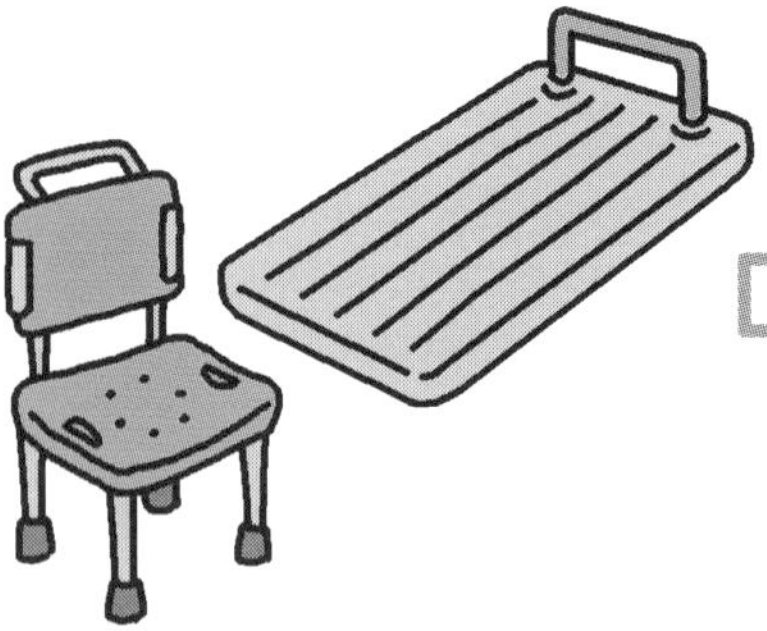

入浴補助用具

浴槽用の手すり、浴室・浴槽内のいす、すのこなど。

- 自宅の浴槽や浴室のサイズに合ったもの。

利用料について

支給限度額の計算には含めない。

1人につき、1年間（4月～翌年3月）に10万円まで。
原則いったん全額を支払い、申請により払い戻し。

対象者 要介護1以上

入浴や排泄関連用具など、**レンタルに不向きな福祉用具は購入します（特定福祉用具販売）**。上の福祉用具を、費用の1割などの負担で購入できます。

1年（4月～翌年3月）に総額10万円が限度で、購入できるのは、1品目あたり1回が原則です。支給限度額の枠外となります。

購入の際は、**まずケアマネジャーの意見を聞き、用具の選択は福祉用具相談員に相談しましょう。**

いったん全額を支払い、「福祉用具購入費支給申請書」により市区町

必要なものをチェック（購入できるもの）

□ 簡易浴槽

空気式または折りたたみ式で
工事を伴わないもの。

- 給排水の方法を確認。使っていないときの収納のしやすさもポイント。

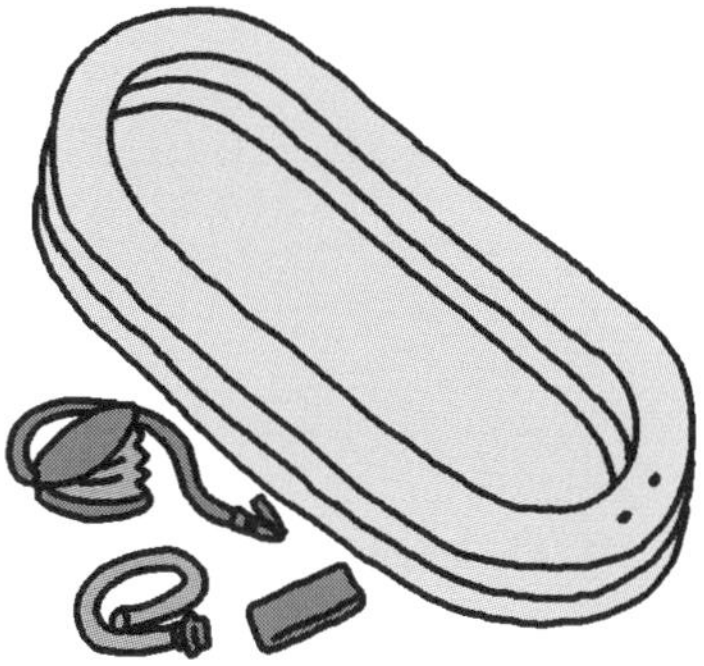

□ 自動排泄処理装置の交換可能部品

タンクやチューブ、レシーバーなど（尿や便に触れるところ）。
本体は貸与（レンタル）の対象。

□ 移動用リフトの吊り具

移動用リフトに連結するもの。本体は貸与（レンタル）の対象。

別記様式第２１号（第２４条関係）

介護保険居宅介護（介護予防）福祉用具購入費支給申請書（償還払用）

被保険者	ﾌﾘｶﾞﾅ		保険者番号	
	氏　名		被保険者証の番　号	
	生年月日	年　月　日生	個人番号	
	住　所	〒 電話番号		

福祉用具名（種目及び商品名）	製造事業者名及び販売事業者名	購入金額	購入日
		円	年　月　日
		円	年　月　日
		円	年　月　日

福祉用具が必要な理由	

文京区長　殿

上記のとおり、関係書類を添えて居宅介護（介護予防）福祉用具購入費の支給を申請します。

年　月　日

申請者　住所
　　　　氏名　㊞　　電話番号

振込先金融機関	銀行 信用金庫 [illegible]	本店 支店 [illegible]	預金種目（○をつけてください） [illegible]
	金融機関コード	支店コード	口座番号（右づめ）
	口座名義人（カタカナ）		

※注意・この申請書の裏面に、領収証及び福祉用具のパンフレット等を添付してください。
・「福祉用具が必要な理由」については、個々の用具ごとに記載してください。欄内に記載が困難な場合は、裏面に記入してください。
・販売業者は都道府県指定の事業者に限られます。

特定福祉用具購入費支給申請書の例

福祉用具の名称や金額などを記入の上、市区町村に提出する。

村に申請することで、自己負担分以外が払い戻されます（償還《しょうかん》払い）。

■特定介護予防福祉用具販売

対象者　要支援1、2

要支援でも利用できますが、購入できる用具は限定されます。

介護のための改修費用が支給される

□住宅改修

バリアフリーにするなど、介護のために自宅を改修する場合には、その費用の一部が介護保険から支給されます。

対象者　要介護1以上

住宅改修を利用できるのは、在宅介護の場合に、**要介護者が生活しやすく、介護者の負担を軽減するために行う住宅の改修です。**たとえば、転倒防止の手すりの設置、段差の解消、洋式便器への変更などです（↓左ページ）。

1つの住宅につき、**工事費用の合計20万円までを限度に、自己負担分を除いた金額が払い戻される「償還払い」が基本です。**数回に分けての利用もできます。

事業者により、最初から自己負担分のみの支払いですむ「受領委任払い」ができることもあります。

工事の前と後に届け出が必要

住宅改修の内容は、ケアマネジャーや理学療法士に相談の上、将来の変化も見すえて検討します。

手続きとして、まず工事の前に**「住宅改修費支給申請書」を市区町村に提出します。**このとき、住宅改修が必要な理由書や工事の内容がわかる書類を添付します。申請する前に工事を始めてしまうと、支給が受けられない場合もあります。

さらに工事が終了したら、工事内容を証明する書類（工事費用の領収書、工事費内訳書、改修前と改修後の写真）を届け出ます。これにより支給が決定します。

□介護予防住宅改修

対象者　要支援1、2

介護予防のための住宅改修も対象です。将来的な介護環境を考え、専門家にアドバイスをもらいましょう。

住宅改修の対象となる工事

手すりの取りつけ
転倒予防、移動の助けとなるもの。

便器の取り替え
和式便器から洋式便器に。

床材の変更
すべりにくい床材への変更など。

引き戸などへの扉の取り替え
ドアの取っ手の取り替え、戸車の設置なども含む。

これらの改修にともなって必要になる改修
壁や床の下地補強、給排水設備工事など。

段差の解消
敷居を低くする、スロープを設置するなど。

利用料について

支給限度額の計算には含めない。

1つの住宅につき20万円の工事費用まで。
原則いったん全額を支払い、申請により払い戻し。

介護保険で入所できる施設をくらべてみよう

入所して介護を受ける施設介護サービスには3つの種類があり、利用者の心身の状態や必要な介護内容などから選びます。

在宅の介護が困難な場合は、介護保険の施設介護サービスを活用できます。介護保険により入所できる公的施設を介護保険施設といい、**介護老人福祉施設、介護老人保健施設、介護医療院の3種類があります。**それぞれ特徴を押さえておきましょう（介護療養型医療施設は令和6年3月末に廃止された）。

また**有料老人ホームなどでも、介護保険の対象となる「特定施設入居者生活介護」を受けられる場合があります。**

施設見学が欠かせない

施設選びでは、本人の希望や家族の状況などを、よく話し合ってまとめることが第一歩です。

資料やパンフレットを取り寄せ、気に入ったところは施設見学をしてみましょう。

初期費用や月々の利用料だけでなく、居住費や食費、日常生活費など、介護保険外（全額自己負担）となる費用も確認します。

施設選びの基本ポイント

1 パンフレットなどで情報確認

- 必要な設備や必要な資格を持った職員がそろっているかなど。
- 不明点などはまとめておき、見学時に質問する。

2 必ず施設見学をする

- 設備だけでなく、施設の雰囲気を見る（入所者や職員など）。
- 複数の施設に行ってくらべる。

施設サービスには3つの種類がある

介護老人福祉施設

➡132ページ

介護が必要な人の生活の場としての役割に重点を置く施設。長期入所が可能。

介護老人保健施設

➡134ページ

リハビリテーションが中心の施設。在宅復帰をめざす。長期入所は難しい。

介護医療院

➡136ページ

医療サービスが充実した施設。長期の療養が可能。

施設サービス利用までの手順

施設を見学する

- 見学時はノートや筆記用具、カメラ、メジャーなど、記録道具を持参する。

▼

介護保険施設に入所を申し込む、体験入所をする

- 事前に資料を取り寄せ、検討する。
- 入所申込書など、必要書類を提出する。

▼

入所の契約を結ぶ

- 重要事項説明書、契約書は細かく読み込む（→84ページ）。

ポイント

サービスのキャンセルや退所時の扱い、相談窓口なども確認する。

▼

事前の課題分析によりケアプランがつくられる

- 施設のケアマネジャーと相談、「施設サービス計画書」がまとめられる。

▼

入所（サービス開始）

- ケアマネジャーに、定期的なモニタリング（→86ページ）を受ける。

施設介護サービス

施設で暮らして介護を受ける

□介護老人福祉施設（特別養護老人ホーム）

要介護状態が高めの高齢者に対して、生活の場とさまざまな介護サービスを提供する公的施設です。

対象者 要介護3以上

介護老人福祉施設は、**都道府県の指定を受けた定員30人以上の施設です。特別養護老人ホーム**（特養）**ともいいます。**

施設で生活しながら、生活援助や身体介助などの介護支援、機能訓練、療養の世話、レクリエーションなどが受けられます。看取り介護も行っています。

入所できるのは、原則として要介護3以上の人です。必ずしも申し込み順ではなく、要介護状態の重い人や生活が困難な人ほど、優先順位が高くなります。

入所一時金は不要、利用料は要介護状態や部屋のタイプにより異なりますが、民間の施設にくらべて比較的安くなります。居住費と食費、日常生活費は全額自己負担ですが、低所得者の場合、補足給付（→１６９ページ）も受けられます。

雰囲気やサービス内容などを吟味したいところですが、申し込み後の待機期間が長く、なかなか入所しづらいのが現状です。

ひとくちメモ

他地域の施設入所は「住所地特例」あり

たとえば、A町に住んでいた人がB市の介護保険施設に入所するとき、B市に住民票を移すことになります。

しかし、A町の介護保険の被保険者のまま、A町に保険料を納め、A町からサービスを受けることになる場合があります。これを「住所地特例」といい、その対象施設が決まっています。

介護保険施設のある市区町村に、財政負担が集中するのを避けるための制度です。

介護老人福祉施設（特養）の内容とポイント

サービスの内容

常時介護が必要な人が施設に入居して、
手厚い介護サービスを受ける。

食事や排泄、入浴などの身体介護	○	掃除や洗濯などの生活援助	○
リハビリテーション（日常生活動作訓練など）	△	療養上の世話（医療的な処置）	△
レクリエーションや年中行事	○	看取り介護	○

◎○△の順でサービスが充実している。

1日の流れ（例）

6:00　起床、着替え、洗面
7:30　朝食
8:30　健康チェック
　　　（体温、血圧）
10:00　レクリエーション
12:00　昼食
14:00　入浴、レクリエーションなど
15:00　おやつ
18:00　夕食
20:00　着替え、洗面
21:00　就寝

利用料の区分（1日ごと）

要介護状態（原則）	要介護３	要介護４	要介護５
主な部屋のタイプ	従来型個室	多床室	ユニット型個室／個室的多床室

※その他、特別なサービスには加算あり。
※入所時の初期費用は不要。
※居住費や食費、日常生活費は原則自己負担。

施設介護サービス

在宅復帰のためのリハビリ

□介護老人保健施設（老健）

在宅復帰をめざして、リハビリを行うための施設です。比較的病状が安定している人が入所します。「老健」と略されます。

対象者 **要介護1以上**

介護老人保健施設では、日常生活の支援とともに、理学療法士などによるリハビリテーションや、医師、看護師による医療サービスを受けられます。状態は安定しているものの、**すぐには在宅復帰できない人の、早期の在宅復帰をめざす施設です。**

そのため、レクリエーションなどは多くありません。

入所時にリハビリテーションの計画を立て、3か月ごとに状態のチェックを受け、退所するか入所継続するか判定されます。通常、入所期間は3～6か月です。なお、通所サービスとしてリハビリテーションを受けることもできます。

入所一時金が不要で、利用料は要介護状態によって決まります。介護老人福祉施設にくらべると利用料はやや高めです。個室の居住費と食費、日常生活費は、原則自己負担となります。

そのほかに、集中リハビリテーションなど、個別サービスの加算があります。

ひとくちメモ

部屋のタイプの特徴を知っておこう

介護保険施設の居室（部屋）には、主に「従来型個室」「多床室」「ユニット型個室」があります。

従来型個室はいわゆる個室（1室に1ベッド）です。食堂や浴室などは共用となります。多床室は2～4人の相部屋です。ユニット型個室は10部屋程度の個室ごとに共有スペースを設けて、1つの生活単位とします（その他、ユニット型個室的多床室あり）。

利用料は、ユニット型個室のほうが高くなります。

介護老人保健施設（老健）の内容とポイント

サービスの内容 看護、医学的管理のもとで、介護やリハビリテーション、その他必要な日常生活上の世話を受ける。

食事や排泄、入浴などの身体介護	○	掃除や洗濯などの生活援助	○
リハビリテーション（機能訓練、日常生活動作訓練など）	◎	レクリエーションや年中行事	△
診察、投薬、検査などの医療処置	○	看取り介護	△

◎○△の順でサービスが充実している。

1日の流れ（例）

6:00 起床、着替え、洗面
7:30 朝食
8:30 健康チェック（体温、血圧）
10:00 リハビリテーション（個別）
12:00 昼食
14:00 リハビリテーション（集団）、入浴、レクリエーションなど
15:00 おやつ
18:00 夕食
20:00 着替え、洗面
21:00 就寝

利用料の区分（1日ごと）

要介護状態	要介護1	要介護2	要介護3	要介護4	要介護5
施設の種類	介護老人保健施設*	介護療養型老人保健施設（→136ページ）			
主な部屋のタイプ	従来型個室	多床室	ユニット型個室／個室的多床室		

（→136ページ）

※その他、特別なサービスには加算あり。
※個室の居住費や食費、日常生活費は原則自己負担。
※入所時の初期費用は不要。

＊在宅復帰率などにより、超強化型、在宅強化型、加算型、基本型、その他型の区分あり。

施設介護サービス

医療の必要な人が入所する

■介護医療院

介護療養型医療施設は廃止となりました。代わって、医療と介護の連携を重視した介護医療院が誕生しています。

■介護医療院

対象者　要介護1以上

介護医療院では、**病状が安定しており、長期にわたって療養が必要な人に対して、日常生活の支援やリハビリテーション、療養上の世話などを行います。**

看取り介護やターミナルケアも重視する一方、生活施設としての機能も充実した施設です。ただし、レクリエーションなどは多くありません。

令和6年3月末の介護療養型医療施設廃止にともない、その役割を引き継ぐ施設介護サービスです。

入所一時金は不要、利用料は要介護状態で決まります。医療サービスが充実しているため、介護老人福祉施設や介護老人保健施設とくらべると、利用料はやや高めです。

施設選びでは、周囲の評判や見学の印象、必要な費用など（I型かII型かによっても異なる）を確認しましょう。一般的に介護老人福祉施設より待機者の数は少なめですが、地域によって施設数に違いがあり、入所まで時間がかかることもあります。

ひとくちメモ

介護療養型老人保健施設（新型老健）とは

新しい介護保険施設として「介護療養型老人保健施設（新型老健）」があります。

要介護1以上の人が対象で、一般の介護老人保健施設とくらべて医療サービスが充実しており（その分利用料は高め）、主に入院するほど病状が重くない場合の継続的な療養に向いた施設です。

ただし、介護療養型医療施設の廃止（令和6年3月末）にともない、多くの新型老健は介護医療院への移行が進んでいます。

介護医療院の内容とポイント

サービスの内容

長期療養の必要な要介護者が、看護、医学的管理のもとで、介護やリハビリテーションなどを受ける。

食事や排泄、入浴などの身体介護	○	掃除や洗濯などの生活援助	○
リハビリテーション（機能訓練、日常生活動作訓練など）	○	診察、投薬、検査などの医療処置	◎
レクリエーションや年中行事	△	看取り介護	○

◎○△の順でサービスが充実している。

利用料の区分（1日ごと）

要介護状態	要介護1	要介護2	要介護3	要介護4	要介護5
施設の種類	Ⅱ型	Ⅰ型			
主な部屋のタイプ	従来型個室	多床室	ユニット型個室／個室的多床室		

※その他、特別なサービスには加算あり。

※個室の居住費や食費、日常生活費は原則自己負担。

※入所時の初期費用は不要。

民間の「有料老人ホーム」なども活用する

介護保険を利用できるのは介護保険施設だけではありません。民間などが運営する有料老人ホームも対象になります。

介護が必要な人が入所する施設には、民間の高齢者施設という選択肢があります。介護老人福祉施設などにくらべ、多くの場合費用は割高です。

しかし、**その施設が都道府県に指定された有料老人ホームなら、特定施設入居者生活介護（→１４２ページ）などを利用できます。**

特定施設入居者生活介護の対象には、有料老人ホームのほか、ケアハウス、養護老人ホーム、サービス付き高齢者向け住宅があります（→左ページ上）。

有料老人ホームにはいろいろなタイプがある

有料老人ホームは民間企業が運営する高齢者施設です。左ページ下のタイプがあります。

介護付きまたは住宅型で、介護保険サービスを受けられます。住宅型は外部の介護保険サービスを利用し、通常在宅の居宅介護サービスと同じ利用料ですが、介護付きでは特定施設入居者生活介護の対象となり、包括利用料でサービスを利用できます。

ひとくちメモ

施設のケアマネジャーがケアプランをつくる

介護付き有料老人ホームと入所契約を結ぶと、その施設のケアマネジャーと話し合い、ケアプランをつくります。相談員や介護スタッフも兼任していることが多いので、適切な自立支援のため要望はきちんと伝えましょう。

ケアプランは、居宅介護サービスと同様、サービス担当者会議を経て、サービス計画書（施設サービス計画書）にまとめられます。

サービス開始後は、定期的にケアプランのチェックが行われます。

特定施設入居者生活介護の対象となる施設の種類

有料老人ホーム

民間の会社が経営する高齢者住宅。そのうち介護付きのタイプなら特定施設入居者生活介護を受けられる。

ケアハウス（軽費老人ホーム）

家庭の事情などで、自宅での生活や一人暮らしが困難な高齢者のための施設。

養護老人ホーム

身体上、精神上、環境上の理由および経済上の理由などで、自宅での生活が困難な高齢者のための施設。

サービス付き高齢者向け住宅

➡140 ページ

高齢者向けの賃貸住宅。バリアフリー構造で、専門職の見守りサービスなどがある。

有料老人ホームには３つのタイプがある

介護付き

施設の職員がサービスを行うタイプと、外部の事業者に委託するタイプがある。

[利用できる介護保険のサービス]

- 特定施設入居者生活介護
- 居宅療養管理指導

住宅型

必要により、外部の介護サービスを利用できるタイプ。

[利用できる介護保険のサービス]

- 居宅介護支援
- 居宅介護サービス
- 居宅療養管理指導

健康型

介護の必要がない自立した高齢者が対象。

- 食事などのサービスは提供されるが、介護が必要になった場合は退去しなければならない。

「サービス付き高齢者向け住宅」が増えている

年をとっても安心して暮らせるような配慮が義務づけられている、高齢者向けの賃貸住宅です。「サ高住」と略されます。

サ高住は、**不足している高齢者の住まいを確保するためにつくられた賃貸住宅です。都道府県に登録され、指導・監督を受けています。**

バリアフリー構造、安否確認と生活相談サービスなど、高齢者が安心して暮らせる一定の基準が義務づけられています（↓左ページ）。

都道府県の指定を受けていれば、介護保険のサービスを利用できます（サービス事業者は施設に併設されているか、外部のサービスを利用↓138ページ）。

入所対象は、原則として60歳以上の高齢者または要支援・要介護認定を受けている人です。安否確認と生活相談のサービスが提供されます。

要介護状態が進むと退去を求められる施設もあれば、看取りまで可能な施設もあります。

賃貸住宅のため、初期費用として敷金や礼金が必要になります。月々の費用は施設により差があるので、施設のサービス内容や雰囲気、環境などとともに、よく比較検討しましょう。

ひとくちメモ

施設の情報はどう集める？

介護保険施設や有料老人ホームは、市区町村などでリストをもらうことができます。また、各都道府県のホームページから探すことも可能です。

また、「福祉サービス第三者評価」により、都道府県ごとに登録された施設の客観的な評価を、都道府県のホームページなどから確認できます。

サービス付き高齢者向け住宅は、＊「サービス付き高齢者向け住宅情報提供システム」で調べられます。

＊ https://www.satsuki-jutaku.jp/

サ高住の４つの特徴

1 居室スペースが広め

- 居室部分の床面積が原則として 25㎡以上。

2 居室にトイレや洗面設備がある

- その他、台所、収納設備、浴室も備えている*。

＊共用部分に十分なものがある場合、各居室になくてもよい。

3 居室や共用部分がバリアフリー構造である

- 段差がない、手すりを設置、廊下幅の確保など。

4 専門職が常駐し、サービスを提供する

- 生活相談サービスや安否確認サービスを受けられる。

有料老人ホームとの比較

	サ高住	有料老人ホーム（介護付き）
入所の形態	賃貸方式	利用権方式（多くの場合）
入所一時金	敷金・礼金程度	高額の場合あり
職員配置	夜間は不在の施設あり	24 時間常駐
介護サービス利用料	利用した分を支払う	定額制
外出や外泊	原則として自由	届け出が必要

施設入居者の介護保険サービス

民間の施設でサービスを受ける

□特定施設入居者生活介護

一定基準を満たした有料老人ホームなどに入所する場合、そこで受けるサービスは介護保険の対象となります。

対象者 要介護1以上

特定施設入居者生活介護とは、**介護付き有料老人ホームやサービス付き高齢者向け住宅（サ高住）など、都道府県の指定を受けた施設に入居すると受けられる介護保険サービスです。**

2つのタイプをチェックする

特定施設入居者生活介護には、ケアプランの作成からサービスの提供まで一括して施設が行う**一般型（内部提供型）**と、施設がケアプランを作成して、実際のサービスは外部の事業者に依頼する**外部サービス利用型**の2タイプがあります。

一般型（内部提供型）は、施設にすべてをまかせられるので便利です。ただし、施設が行っていないサービスは、施設または外部事業者による自費サービスとなります。

外部サービス利用型は、希望のサービスを組み合わせられますが、サービス利用料をきちんと管理しないと、費用がかかりすぎる場合があります。

どちらのタイプを選ぶかは、利用者の要介護状態や必要とするサービスによって異なります。施設を決める前によく検討しましょう。

施設による独自のサービスなどは、全額自己負担です。どこまでが介護保険のサービスなのか、わかりにくいことがあるので注意します。

□介護予防特定施設入居者生活介護

対象者 要支援1、2

この指定を受けている施設では、介護予防を目的としたサービスの利用が可能です。

特定施設入居者生活介護の内容とポイント

サービスの内容　都道府県の指定を受けた施設で介護保険サービスを受ける。

一般型（内部提供型）

介護サービスは施設から受ける。

ケアプランの作成
生活相談、安否確認
食事や入浴、排泄の介護
リハビリテーション
療養上の世話　など

外部サービス利用型

介護サービスは、施設外の事業者に委託して行われる。

- **施設が行う**
  ケアプランの作成
  生活相談、安否確認

通所介護サービスや福祉用具貸与も利用できる。

- **施設外の事業者が行う**
  食事や入浴、排泄の介護
  リハビリテーション
  療養上の世話　など

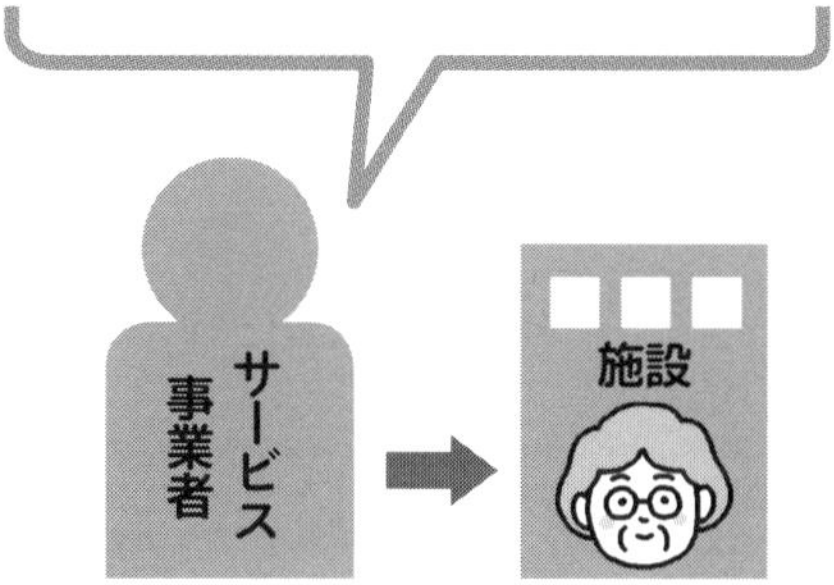

利用料の区分（1日ごと）

一般型 → **定額制**

外部サービス利用型 → **サービス、回数による＊**

＊プラス基本サービス費（定額）。

要介護状態 → **要介護1**　**要介護2**　**要介護3**　**要介護4**　**要介護5**

※その他、特別なサービスには加算あり。
※食費、おむつ代、日常生活費は全額自己負担。

施設入居者の介護保険サービス

市区町村のサービスも使える

地域密着型サービス

□地域密着型介護老人福祉施設入所者生活介護
□地域密着型特定施設入居者生活介護

小規模な施設では、介護保険のサービスが「地域密着型」となる場合があります。サービスに大きな違いはありません。

□地域密着型介護老人福祉施設入所者生活介護

対象者　要介護3以上

地域密着型（サービス）は、市区町村が事業者を指定し、その地域の高齢者の生活を支えるためのサービスを提供します。小規模な施設に限定され、原則として、その市区町村に住む人だけが対象です。

地域密着型介護老人福祉施設入所者生活介護では、**定員29人以下の介護老人福祉施設**（↓132ページ）**に入所している人が、日常生活の支援やリハビリテーション、療養の世話などを受けられます**。「地域密着型特養」ともいいます。短期入所サービスを行っているところもあります。

□地域密着型特定施設入居者生活介護

対象者　要介護1以上

定員29人以下の介護付き有料老人ホーム（↓１３８ページ）やサービス付き高齢者向け住宅（↓１４０ページ）、ケアハウスなど、都道府県**の指定を受けた施設に入所している人が、日常生活の支援やリハビリテーションなどを受けられます**。サービスのタイプには、一般型（内部提供型）と外部サービス利用型の２つがあります（↓１４２ページ）。

どちらも小規模な施設なので、家庭的な雰囲気で生活できることがメリットです。サービス内容は、市区町村により違いがあります。

地域密着型介護老人福祉施設入所者生活介護の内容とポイント

サービスの内容

定員 29 人以下の介護老人福祉施設で、受けられる。

- 食事や排泄、入浴などの身体介護
- 掃除や洗濯などの生活援助
- リハビリテーション（日常生活動作訓練など）
- 療養の世話（医療的な処置）
- レクリエーションや年中行事　など

利用料の区分（1日ごと）

要介護状態（原則）	要介護 3	要介護 4	要介護 5
主な部屋のタイプ	従来型個室	多床室	ユニット型個室

※その他、特別なサービスには加算あり。
※個室の居住費や食費、日常生活費は原則自己負担。

地域密着型特定施設入居者生活介護の内容とポイント

サービスの内容

定員 29 人以下の特定施設で受けられる。

- ケアプランの作成
- 生活相談、安否確認
- 食事や入浴、排泄の介護
- リハビリテーション
- 療養上の世話　など

利用料の区分（1日ごと）

一般型	定額制	外部サービス利用型	サービス、回数による＊

＊プラス基本サービス費（定額）。

要介護状態	要介護 1	要介護 2	要介護 3	要介護 4	要介護 5

※その他、特別なサービスには加算あり。　※居住費や食費、日常生活費は全額自己負担。

施設入居者の介護保険サービス

認知症の人向けの入居サービス

地域密着型サービス

□認知症対応型共同生活介護

認知症の人が、少人数の家庭的な雰囲気のなかで共同生活する「グループホーム」で受けるサービスです。

対象者　要介護1以上

グループホームは、認知症のために自宅での生活が困難な人が入居する施設です。入居は、比較的症状が安定した状態で、他の入居者と共同生活ができることが条件です。療養の世話は受けられないため、医療的なサービスが必要な場合は、入居は難しいでしょう。

1つの施設あたりの定員は5〜9人と小規模です。介護職員は、入居者3人につき1人の割合で配置されます。夜間も常駐し、24時間体制で見守ります。家庭的な雰囲気のなかで、入居者も調理やかたづけ、掃除などの活動を通して役割参加します。

サービス付きの高齢者住宅のような位置づけとなるため、介護保険サービス以外にかかる生活費などは全額自己負担です。また、居宅療養管理指導を受けられます。

□介護予防認知症対応型共同生活介護

対象者　要支援2

要支援2の人は介護予防を目的として、このサービスを受けることが可能です。

認知症は早期発見が大切

本人や家族が「もしかしたら」という
症状に気がついたら、

▼

早期に受診する。症状が改善する場合もある。

【相談先】

- 主治医
- 医療機関の物忘れ外来
- 最寄りの地域包括支援センター

グループホームの特徴

少人数（5～9人）で家庭的な介護を受けられる。
認知症の知識を持つ職員が24時間常駐する。

認知症対応型共同生活介護の内容とポイント

サービスの内容　認知症の高齢者が、介護を受けながら共同生活を行う。

- 食事や排泄、入浴などの身体介護
- 掃除や洗濯などの生活援助
- リハビリテーション（日常生活動作訓練など）
- レクリエーション

施設

利用料の区分（1日ごと）

要介護状態	要介護1	要介護2	要介護3	要介護4	要介護5
共同生活住居（ユニット）の数	1つ	2つ以上			

※その他、共同生活住居と別に、一人暮らしができる住居のある「サテライト型」あり。

コラム

がんばりすぎは危険！介護疲れ、介護うつに注意

知らず知らずストレスはたまっていく。

「先が見えない」「努力の成果が見えない」「休めない」……、介護疲れは知らないうちに蓄積されています。そのまま我慢を続けていると体調をくずしてしまったり、「介護うつ」に陥りかねません。

介護うつは、介護が原因で発症するうつ病です。何をするのもおっくう、意欲が出ない、食欲がない、眠れない、人に会いたくないといった症状があります。

まじめで責任感の強い人ほど要注意です。抱え込まず周囲に助けを求めましょう。

また、最近ではヤングケアラーや介護離職も社会問題になっています。「家族は愛を・介護はプロに」という気持ちも大切です。

介護疲れ、介護うつを予防するためのポイント

まず気づく

- 自分が疲れていることを自覚する。
- ストレスの蓄積を甘く見ない。

1 相談する

- 愚痴を話すだけでもよい。
- 市区町村の窓口などで、専門家に話を聞いてもらう。

2 手伝ってもらう

- 遠慮せずＳＯＳを伝える。
- 助けてもらうのは、恥ずかしいことではない。

3 情報を集めて対策をとる

- 介護の助けになるサービスはないか。
- 介護疲れやストレスへの対策はどんなものがあるか。
- 定期的に健康診断や人間ドックなどを受ける。

プラスアルファ

パート5

介護と介護保険
プラスアルファの知識

介護が必要になった本人や家族に向け、
知っておくべきポイントを集めました。

介護について家族で「早めに」決めておくこと

介護は本人ばかりではなく、家族全体にとって大きな問題です。しっかりと話し合い、意思の疎通をはかります。

介護を円滑に無理なく行うためにまず大切なことは、家族の話し合いです。できるだけ早めに、本人や家族が集まって今後の相談をします。

最初に確認したいのは、本人の希望です。どこでどんな介護を誰にしてほしいのか、考えを聞きます。本人が参加できない場合は、事前に聞き取りをしておきます。

できるだけ本人の希望に沿った介護の方法を話し合い、配偶者や子どもたち（やその配偶者）、近しい親族などの意見をすり合わせます。

本人に確認しておきたいこと

- □ 現在、体の状態はどうか、どんな病気をわずらっているか。
- □ 年金その他、収入はいくらか。
- □ 介護のための蓄えはあるか。どれくらいか。
- □ 将来、どこでどんなふうに暮らしたいか。
- □ どんな介護を、誰にしてもらいたいか。
- □ 余命宣告の告知や延命治療の希望。

家族の話し合いで決めるポイント

- 誰が中心となって介護するか。
- 誰が何をどのように協力するか（できること・できないこと）。
- お金などは、誰がどのように管理するか。
- 費用が不足する場合、誰がどう負担するか。
- 介護保険はどう活用するか（利用料はどれくらいになるか試算してみる）。
- 在宅介護の場合、リフォームなどは必要か。
- 施設を利用するなら、どんなところがよいか。

中心となる人を決め協力体制を築く

このとき必要なのは、**誰が中心となって介護を行うのか決めることです**。とはいえ、誰かにまかせきりにするのはよくありません。高齢の配偶者による「老老介護」などでは、周囲の援助がないと共倒れの危険もあります。全員が当事者意識を持って、積極的なサポートを行います。

話し合いとともに、最寄りの地域包括支援センターなどに、介護保険の利用について相談を始めましょう。

こうした話し合いは、できれば**本人が元気なうちに**、**機会をつくって相談しておく**と、いざというとき、スムーズに対処できます。

介護にかかる費用を見積もっておく

介護を続ける上で、お金の問題は避けては通れません。収支をよく計算して、無理のない介護を実現しましょう。

介護はいったん始まれば、いつまで続くかわかりません。

介護保険には自己負担分があります。介護保険外のサービスもあります。介護を始める際には、住宅の改修や福祉用具をそろえるなど、まとまった費用も発生します。

必要な金額を予測して、資金計画を立てておくことが大切です。

施設への入所を考える場合は、いくつか候補をしぼって、入所するとき、入所してからの費用を試算してみます。必要なら、自宅の売却や家族からの援助なども検討します。

介護を続けられる資金計画を立てる

介護費用は、基本的に本人の収入や貯金でまかないます。まず、本人にどれくらい収入があり、介護に使える蓄えがどれくらいあるのか、確認することが必要です。

一定額以上の自己負担分が申請により戻る高額介護サービス費（↓32ページ）など、出費を抑える有利な制度の知識も持っておきましょう。

介護期間、介護費用の例

介護期間

平均
5年1か月
（61.1か月）

介護費用

一時費用（介護ベッドや住宅改修）――平均 **74万円**

月額――平均 **8.3万円**

「生命保険に関する全国実態調査（令和3年度）」生命保険文化センター

介護期間の毎月の収支を計算してみよう

※在宅介護の場合。

収入（本人）

- 年金（厚生年金、企業年金など）　月　　　　　円
- その他の収入　月　　　　　円

合計　　　　　円　A

支出

- 介護にかかる費用　月　　　　　円
  - 介護保険サービスの利用料（自己負担分）
  - サービス利用に伴う費用（食費、居住費、日常生活費など）
  - 介護保険外で利用するサービス費用
- 生活費（食費、水道光熱費、電話代、洋服代など）　月　　　　　円
- 医療費　月　　　　　円
- 介護保険料、医療保険料　月　　　　　円
- その他の支出（趣味・娯楽費、マイカー関連費、おむつ代など）　月　　　　　円

合計　　　　　円　B

A − B がプラスであること。
マイナスなら貯金の切りくずしなどが必要。

介護保険以外のサービスも活用する

介護では、介護保険の利用が第一ですが、それ以外のサービスにも目を配り、よりよい生活に役立つものを見つけましょう。

市区町村では、**介護保険とは別に、さまざまな高齢者を支援するサービスを行っています。**

高齢者サービスの内容は、ホームヘルパーの派遣や配食サービス、緊急通報システム、介護家族の支援など多岐にわたります（↓左ページ）。市区町村によって、内容や利用条件はさまざまです。

市区町村以外のサービスも調べる

そのほかにも、**地域包括支援センター、NPO法人やボランティア、シルバー人材センター、社会福祉協議会などが、独自の高齢者支援サービスを実施しています。**

また、民間の事業者も、家事代行サービスや配食サービスなど、高齢者向けのサービスを行っています。ただし、比較的高額となります。

こうしたサービスは、市区町村の窓口やケアマネジャーに尋ねてみるほか、インターネットで検索して探すこともできます。積極的に活用して、介護の充実に役立てましょう。

ひとくちメモ

「選択的介護（混合介護）」とはどんなもの？

選択的介護とは、介護保険サービスと介護保険外のサービスを一緒に受けられるしくみです。混合介護ともいわれます。

現在、市区町村の独自サービスとして、上乗せ、横出し（↓28ページ）が認められていますが、その範囲は限定的です。

利用者は、より充実したサービスを受けられるよう、介護保険外のサービス内容も把握する必要があります。一方で、経済的な負担が大きくなることもあるので注意が必要です。

民間サービスの情報にも、アン

市区町村にはこんな高齢者サービスがある（例）

ヘルパーの派遣
高齢者（要介護状態に該当しない人）の家を訪れて、生活援助を行う。

訪問理容・美容
外出が困難な高齢者の家を訪れて、理髪サービスや簡単なメイクなどを行う。

寝具の洗濯や乾燥・消毒
自分でふとんなどを洗えない高齢者の家に、寝具洗濯車などが訪問する。

介護用品の支給
介護を受けている人に、紙おむつや尿取りパッドなどを支給、また購入費の一部を助成する。

配食
日常の調理が困難な高齢者の家に、食事の配達を行う。

住宅改修費の助成
バリアフリーや耐震改修工事などの費用の一部を助成する。

介護家族支援
介護をする家族に慰労金を支給したり交流の機会を設ける。

外出支援
１人で外出が困難な高齢者に、巡回バスなどによる送迎を行う。

安否確認
寝たきりの高齢者などの家を、民生委員などが定期的に訪問する。

緊急通報システム
一人暮らしの高齢者などの家に、緊急通報装置を貸与・設置する。

東京都と豊島区が連携して「選択的介護」のモデル事業を実施した

平成 30 年度から東京都と豊島区の連携により、介護保険によるサービスと保険外のサービスを組み合わせた選択的介護のモデル事業が行われた。

▼

主な成果
- 全般に利用者や家族の満足度は高かった。
- 在宅生活の継続に役立つ可能性があることがわかった。
- より効果的な支援につながる可能性があることがわかった。

テナを立てておきましょう。今後は、選択的介護のルールが整備されていくことになるでしょう。

無理のない遠距離介護のポイント

離れて暮らす親などの介護では、周到な計画や工夫、密接なコミュニケーション、時間とお金のやりくりが必要です。

離れて暮らす親に介護が必要となり、同居したり引き取ったりできない場合、いわゆる**遠距離介護を考えなければなりません。**

まず、家族の話し合いが必要です。本人の希望や要介護状態により、在宅か施設かなどを検討します。

周囲からの協力や援助が不可欠

在宅介護の場合、**介護保険の居宅介護サービスをうまく活用した介護計画を立てます。**最寄りの地域包括支援センターなどに相談してアドバイスをもらいましょう。また、介護保険サービスだけでなく、地域の高齢者サービスの情報も集めます。サービスの内容を理解した上で、ケアマネジャーなどと密接にコミュニケーションをとり、介護の状況をこまめに把握することが重要です。

遠方のためサービスの調整が難しい場合は、小規模多機能型居宅介護（→120ページ）により、複数のサービスを1つの事業者で対応してもらうといった方法もあります。

ひとくちメモ

「介護休業」を活用しよう

介護休業とは、会社員などが家族の介護のために、対象者1人につき通算93日まで取得できる休業です（3回まで分割可）。

休業で給与が支払われない場合など、雇用保険から介護休業給付金の支給を受けられます。金額は、休業開始時賃金の67％×休業日数です。

ハローワークに、「介護休業給付金支給申請書」など必要書類を提出します。通常、介護休業を申し出ることで、会社が手続きを行います。

遠距離介護を上手に行うポイント

その地域のサービスを調べる

● 介護保険のサービスだけでなく、市区町村の独自サービス、NPO 法人やボランティアの行うサービスなど幅広く探す。

親との連絡はこまめにとる

● 頻繁に電話などをしていると、ちょっとした変化にも気づくことができる。見守りサービスがあれば利用を考える。

ケアマネジャーなどとコミュニケーションは積極的に

● まかせきりにせず、サービス変更や療養についてその都度よく話し合い、協力体制を築く。

隣近所の人、近くに住む親族に協力してもらう

● 時折様子を見てもらうだけでも助かる。緊急時の手助け（救急車への同乗）なども頼めるとよい。

施設入所も検討しておく

● 在宅での介護が困難になったときに備える。資金についても本人や家族で相談する。

交通費の節約を考える

● 航空会社の介護帰省割引などのサービスを調べて、しっかり活用する。

介護休業の確認ポイント

● 要介護認定を受けていなくても、利用できる場合がある。

● 父の介護で 93 日、さらに母の介護で 93 日という取得が可能。

● 休業開始の 2 週間前までに、会社への申し出が必要。

また「介護休暇」として、介護休業とは別に、介護のための半日、1日単位の休暇を取得することができます。対象者1人につき、年5日までです。時間単位の取得も可能です。

これまでの改正により使い勝手がよくなっていますが、いずれも取得のためには一定の条件があります。会社やハローワークに確認しましょう。

看取り介護について知っておく

介護を続けていれば、やがて最期のときが訪れます。いざというときにどうするのか、決めておきましょう。

看取り介護は、近い将来、亡くなることが避けられない人が、最期までできるだけ安らかに暮らせることを目的に行う介護です。本人の尊厳を大切に、家族にとっても後悔のないようにしたいものです。

在宅で行う場合、介護保険の居宅サービスを活用して、ケアマネジャーや医師と連携をとりながら介護を行います。ただし、**状態の進行とともに負担が大きくなりすぎるようなら、無理をせず一時的でも施設や病院に依頼することを考えましょう。**

施設での適切な看取りには看取り介護加算が必要

看取り介護を行う施設には、**介護老人福祉施設、介護付き有料老人ホーム、グループホームなどがあります。**施設によってサービス内容や対応の範囲が異なります。

通常の利用料に加えて、「**看取り介護加算**」「**ターミナルケア加算**」「**看取り連携体制加算**」などが必要です。家族などへの介護の情報提供も含まれます。

「最期のとき」への意識

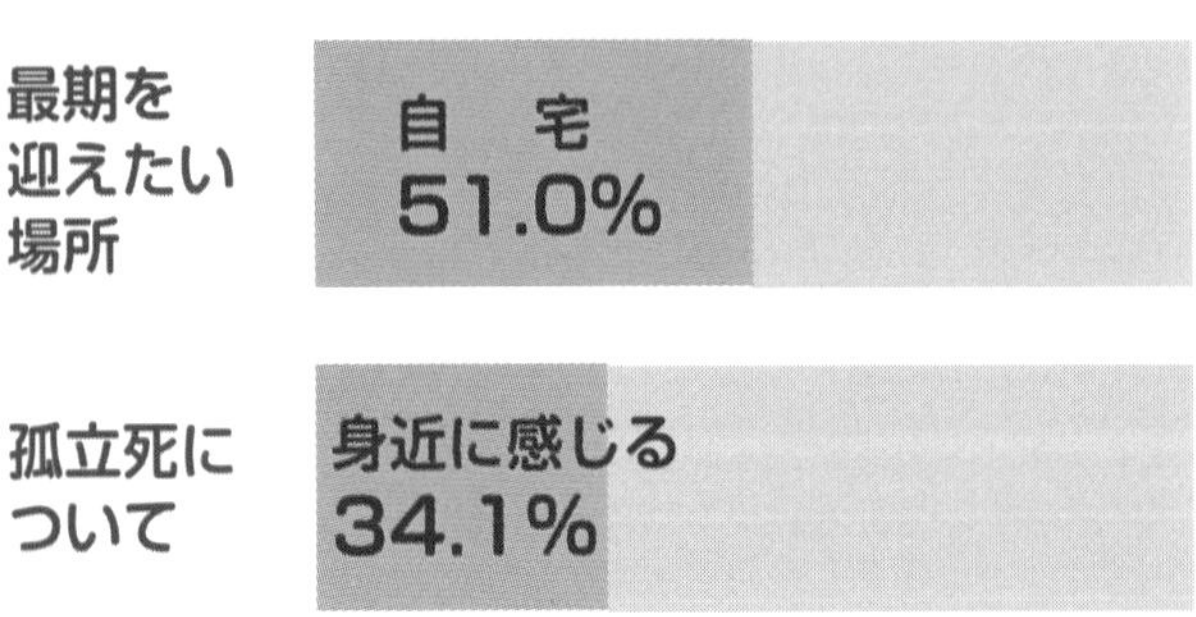

「令和元年版高齢社会白書」（内閣府）より作成。

施設で行われる看取り介護の流れ

看取り介護の開始（適応期）

- 看取り介護に対する要望を伝える。
- 介護の方針について説明を受ける。

↓

開始半年ごろから（安定期／不安定・低下期）

- 意識の変化や今後の方針について再確認を受ける。
- 再確認に基づき、ケアプランが調整される。
- 今後予想される状態について、説明を受ける。

↓

回復が望めない状態（看取り期）

- 現在の状態、予想される経過について説明を受ける。
- 本人が最期に会いたい人へ連絡をとる。
- 家族で葬儀などの相談をする。

↓

亡くなったとき

- 死亡届の提出や葬儀の準備などの支援を受けられる。

こんなケアが行われる

- 栄養と水分状態を管理する
- 清潔を保つ
- 心身の苦痛をやわらげる
- 家族へのサポート
- 亡くなったときの援助

ポイント

それぞれのタイミングで、施設が作成する「急変時や終末期における医療等に関する意思確認書」にサインする。

成年後見制度の活用を考える

認知症の高齢者などは1人で契約を結んだり、お金を扱うのが困難です。このとき後見人に代行してもらう方法があります。

成年後見制度では、**「後見人＊」を指定して、本人に代わって介護保険などの手続きや契約、財産管理などを行います。**判断能力が衰えた人を保護・支援するための制度です。

後見人には、家族や親族だけでなく、弁護士や行政書士、司法書士といった専門家がなることもあります。

家庭裁判所に申立てが必要

一人暮らしの親が認知症になり、日々のお金の管理ができない、悪徳商法にだまされないようにしたい、施設への入所契約に後見人が必要といった場合に活用されます。

財産などを扱う重大な役割のため、後見人選びには家庭裁判所の審判が必要です。

制度利用の相談は、市区町村の窓口のほか、地域包括支援センターや社会福祉協議会などに行います。

すでに判断能力が衰えた人を支援する「法定後見」と、将来に備え、自分で後見人を指定しておく「任意後見」があります。

ひとくちメモ

「日常生活自立支援事業」も検討する

日常生活自立支援事業とは、認知症や知的障害、精神障害などで判断能力が不十分な人に代わって、通帳の預かりなどお金の管理、サービスの契約や手続きなどを代行するしくみです。社会福祉協議会が運営しています。

社会福祉協議会は、地域の福祉を支援する、公共性の高い民間団体です。

支援を受けたいが、成年後見制度を利用するほどではない、という人に役立ちます。

＊判断能力の程度に応じて、保佐人、補助人というタイプもある。

成年後見制度（法定後見）の手続きの流れとポイント

自宅の住所地を管轄する家庭裁判所に申立てをする

- 申立ては、本人または４親等内の親族が行う。
- 申立書を作成、提出する。
- 戸籍謄本、住民票、登記事項証明書、診断書、財産目録などが必要になる。

家庭裁判所により審判手続きが行われる

- 裁判官による事情の聞き取り。
- 調査官などによる調査・鑑定。
- 成年後見人などが選任される。

後見の開始

申立てから後見開始まで1～2か月かかる

後見人ができること

身上監護

本人の契約や手続きなどを代行する。

例

要支援・要介護認定の申請をする。
介護保険サービスの契約を結ぶ。
高齢者施設の入所契約を結ぶ。
病院の入院手続きを行う。

財産管理

本人の財産の内容を把握し、管理する。

例

介護サービスや医療費の支払いをする。
本人が所有する不動産を管理する。
財産目録を作成して収支を管理する。

コラム

家族みんなが納得する介護と相続

親の介護は、相続の際紛争になりがち。

介護をしてもらった家族の相続を有利にしたいというのは、介護された人にとって自然な感情でしょう。

相続には「寄与分」というルールがあり、被相続人の財産の維持に特別な貢献をした人には、一定の上乗せが認められます。しかし、介護の寄与分としての評価は難しく、他の相続人の同意も得づらいようです。

遺言書で希望を伝える

遺産分割などの希望は、遺言書として残しておくと確実です。

家族が受け入れやすいよう、遺言書の存在やおおよその内容は生前に伝えておきます。分割の理由や家族への思いも書いておくとよいでしょう。

遺言書は公正証書遺言が確実

自筆の遺言（自筆証書遺言）

自筆で作成し、署名・押印する遺言書。

好きなときに作成でき、変更も簡単。しかし、見つけてもらえないおそれがある、不備があると無効になるなどのデメリットがある。

公正証書遺言

専門家（公証人）に依頼して作成する遺言書。

紛失や未発見、変造などのおそれがない。書式の不備などの心配がない。ただし、原則として、作成のために公証役場に行く必要がある。

注・自筆証書遺言は法務局で保管してもらうこともできる（遺言書保管制度）。

巻末特集

介護保険の
しくみと活用
もっと知りたい

毎月の保険料は市区町村によって違う

40歳以降は、年齢にかかわらず介護保険料を負担しています。ただし、65歳を境に納付のしかたが変わります。

介護保険は保険料と公費（税金）でまかなわれています。保険料の額は、住んでいる市区町村や加入している公的医療保険（第２号被保険者の場合）ごとに決められています。また保険料の納付方法は、40歳以上65歳未満の第２号被保険者と、65歳以上の第１号被保険者で異なります。

財政難から、公的医療保険と同様、今後介護保険料は増えそうですが、制度を支える大切な財源です。きちんと納めましょう。

介護保険の財源の構成

介護保険にかかる費用の半分を、
被保険者の保険料が支えている。

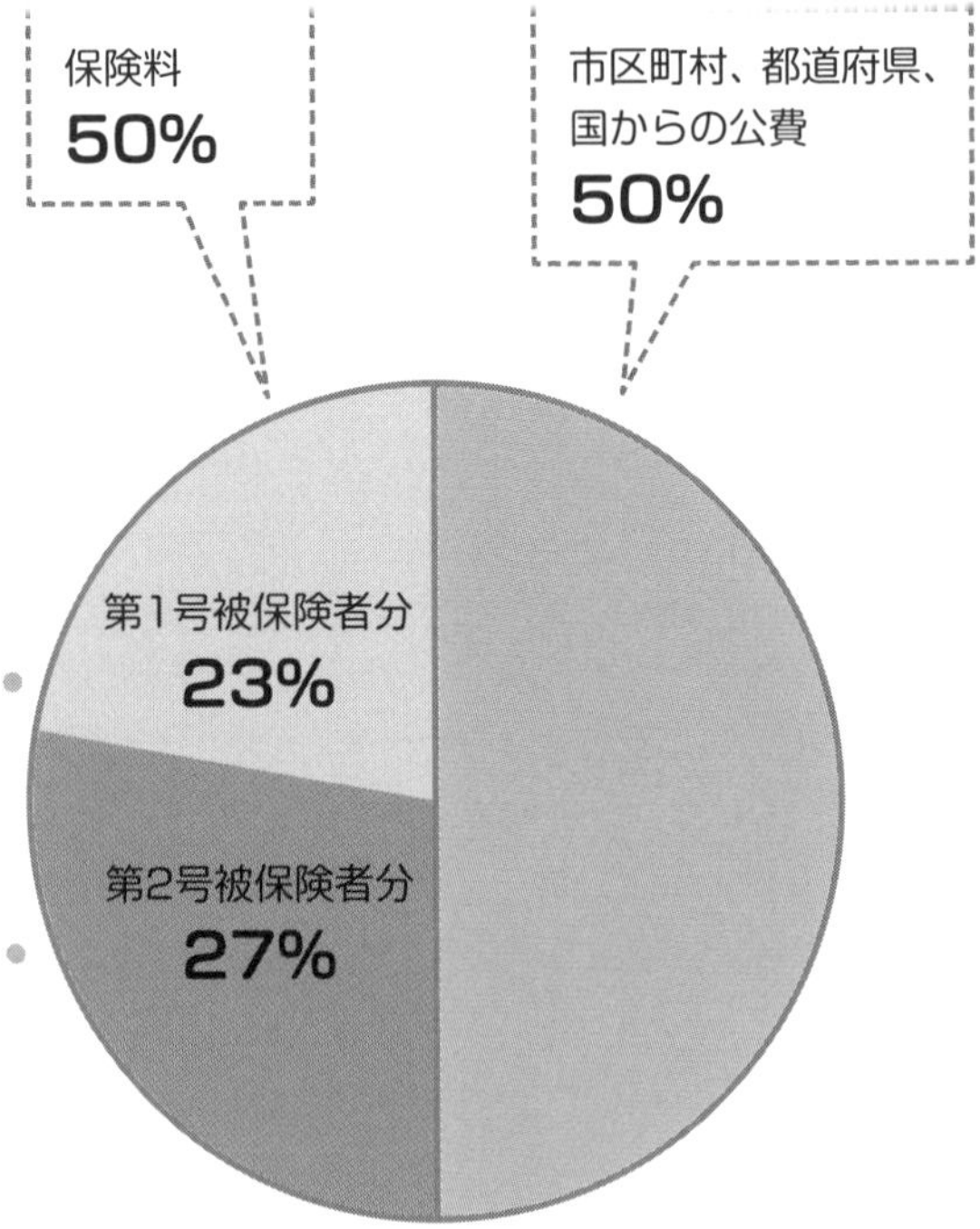

第1号被保険者(65歳以上)の保険料

保険料額

前年の所得
(本人または世帯)
によって決まる

基準額 × 保険料率

- 基準額：市区町村の実情により定められる。
- 保険料率：所得により段階がある(→5ページ。市区町村により段階の数などは異なる)。

納付方法

年金額が年18万円以上→年金から天引き（特別徴収）
年金額が年18万円未満→市区町村からの納付書で納める(普通徴収)

第2号被保険者(40歳以上65歳未満)の保険料

保険料額

健康保険等の場合

※保険料負担は会社と折半する。
※第2号被保険者に扶養されている配偶者は、保険料の負担なし。

給与、賞与 × 介護保険料率

- 給与、賞与：給与、賞与金額ごとの標準報酬月額、標準賞与額。
- 介護保険料率：健康保険や健康保険組合ごとに定められる。

国民健康保険の場合

所得割、均等割、資産割、平等割

- 所得割：本人または世帯の前年所得による。
- 均等割：世帯の被保険者数による。
- 資産割：本人の資産による。
- 平等割：世帯ごとの均一負担。

のうち、いずれかの組み合わせ
(市区町村による)

納付方法

健康保険等の場合→給与、賞与から天引き。健康保険料などと一緒に納める。
国民健康保険の場合→国民健康保険料と一緒に、世帯ごとの保険料を納める。

保険料滞納のペナルティ

1年以上
サービス利用料が償還払いとなる（いったん全額支払い、後日払い戻しを受ける)。

▼

1年6か月以上
償還払いの払い戻しの一部が差し止められ、保険料に充てられる。

▼

2年以上
自己負担が3割となり、高額介護サービス費が受けられなくなる。

ひとくちメモ

保険料の滞納にはペナルティがある

介護保険料を滞納すると、一定期間の後、まず督促を受けます。それでも自主的に納めない場合には、市区町村は強制的な徴収ができます。

保険料の滞納は介護保険証に記載され、滞納を続けると、受けるサービスにも影響します。

サービスの金額は「介護報酬」で決まる

介護保険サービスの利用料の金額は、国（厚生労働大臣）により決められています。これを介護報酬といいます。

介護報酬が支払われる流れ

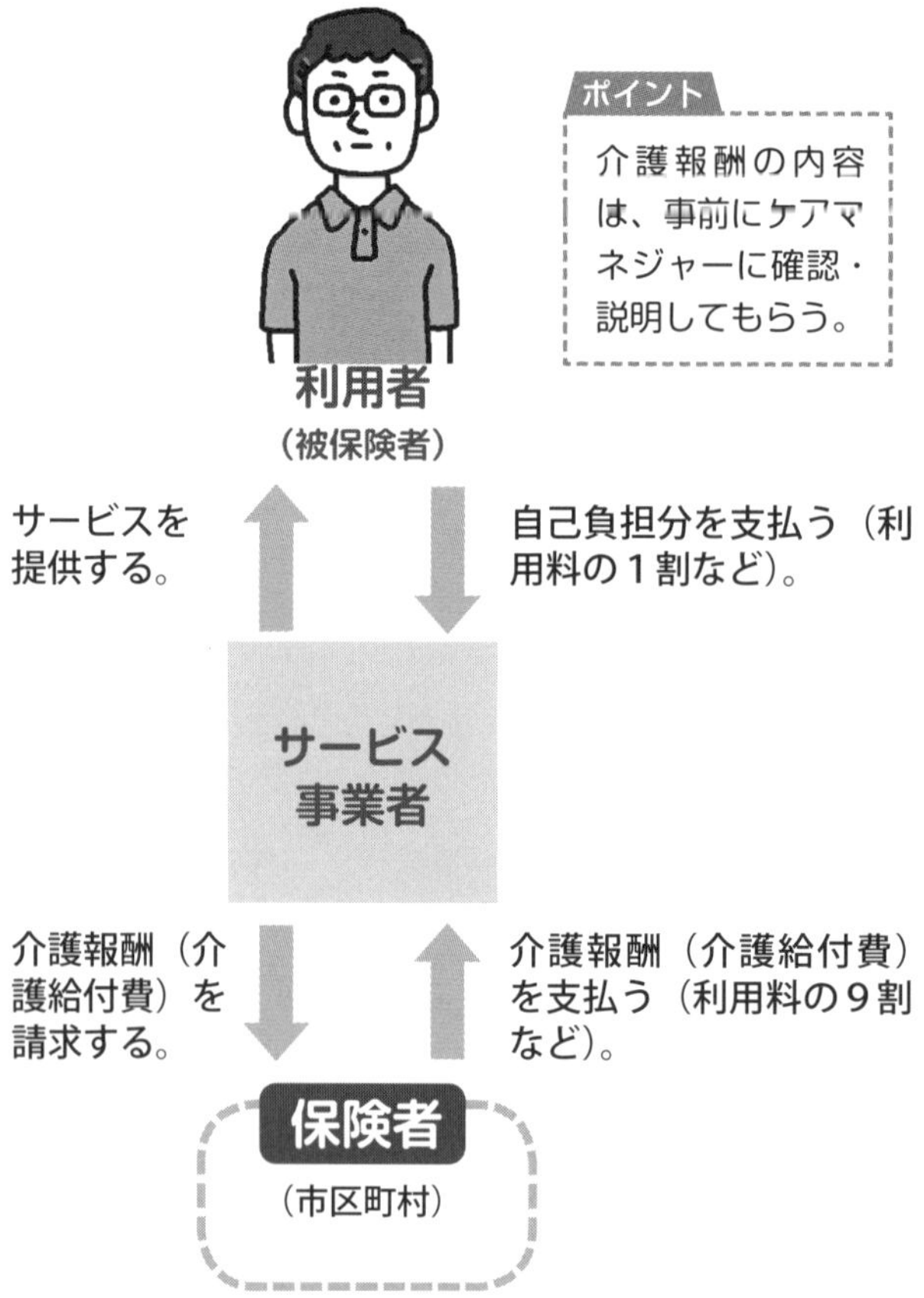
ポイント
介護報酬の内容は、事前にケアマネジャーに確認・説明してもらう。
利用者
（被保険者）
サービスを提供する。
自己負担分を支払う（利用料の１割など）。
サービス事業者
介護報酬（介護給付費）を請求する。
介護報酬（介護給付費）を支払う（利用料の９割など）。
保険者
（市区町村）

介護報酬（介護給付費）は、介護保険のサービスに対して、サービス事業者などに支払われるお金です。いわゆる介護保険サービスの利用料です。そのうち1割などを、利用者が負担します。

国（厚生労働大臣）により基準（単位）が定められ、1単位は基本として10円ですが、市区町村（地域区分）によって多少の差があります。

また、単位数はサービスの種類や内容により異なります。なお、介護報酬は3年ごとに改定されます。

介護報酬はこう計算する

サービスごとの介護報酬の単位数（基本報酬） × **1単位の単価（地域区分により異なる）** ＝ **介護報酬の金額**

10000

また、施設や事業所の「体制」や「対応」の内容により、加算・減算がある。

地域区分ごとの上乗せ割合×人件費割合で決まる。

1か月ごとの利用分を合計する。

地域区分による単価

地域区分		1級地	2級地	3級地	4級地	5級地	6級地	7級地	その他
上乗せ割合		20%	16%	15%	12%	10%	6%	3%	0%
人件費割合	70%	11.40円	11.12円	11.05円	10.84円	10.70円	10.42円	10.21円	10円
	55%	11.10円	10.88円	10.83円	10.66円	10.55円	10.33円	10.17円	10円
	45%	10.90円	10.72円	10.68円	10.54円	10.45円	10.27円	10.14円	10円

※一般に都市部ほど上乗せ割合が高い。
※人件費割合は、サービスの種類により70%、55%、45%のいずれかとなる。

計算例 1級地で訪問介護（20分以上30分未満）を、1回利用した場合の自己負担額

244単位 × 11.4円 ＝ 2781.6円

訪問介護（20分以上30分未満）の単位数

地域単価（10円＋10円×20%×70%）

自己負担額　2781.6円 × 0.1 ＝ 278円

（小数点以下は切り捨て）

1割負担の場合

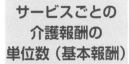

低所得者には負担軽減対策がある

収入が少ないために、必要な介護が受けられないということがないよう、さまざまな負担軽減対策がとられています。

介護保険の低所得者への負担軽減対策には、保険料を軽減するものと、サービス利用料などを軽減するものの2つがあります。

保険料の軽減は、本人や世帯の所得などにより、段階的に行われます。

介護保険サービス利用料では、左ページのような軽減措置がとられています。いずれも、事前に市区町村への申請が必要です。

自己負担を1割以下にするなど、独自の負担軽減策を行っている市区町村もあります。

第１号被保険者の保険料の軽減措置（例）

本人や世帯の所得により、段階的に軽減される。

第１段階	生活保護受給者など 世帯全員が住民税非課税で、本人の年金収入などが 80 万円以下	通常の保険料の**28.5%**に
第2段階	世帯全員が住民税非課税で、本人の年金収入などが 80 万円超 120 万円以下	通常の保険料の**48.5%**に
第3段階	世帯全員が住民税非課税で、本人の年金収入などが 120 万円超	通常の保険料の**68.5%**に
第4段階	本人が住民税非課税で、本人の年金収入などが 80 万円以下	通常の保険料の**90%**に
第5段階	本人が住民税非課税で、本人の年金収入などが 80 万円超	通常の保険料

※本人や世帯の所得が多い場合は、段階的に保険料の負担が大きくなる。
注・段階の数や軽減の割合は市区町村により異なる。

介護保険サービス利用料の軽減措置

高額介護サービス費 ➡32ページ

- **本人や家族の所得などが一定以下の場合、上限額が低く抑えられる。**

1か月ごとの自己負担額の上限 ➡ 住民税課税世帯4万4400円〜

- 世帯全員が住民税非課税 ➡ **世帯合計で2万4600円**
- 年金収入などの合計が80万円以下、生活保護受給者、老齢福祉年金受給者 ➡ **個人で1万5000円**

ポイント

高額医療・高額介護合算制度でも、本人や家族の所得などにより、上限額が抑えられる。 ➡32ページ

補足給付（特定入所者介護サービス費）

- **介護保険施設などで、通常は全額自己負担となる食費や居住費には下表の負担限度額があり、これを超える費用が給付される。**
- **申請により「負担限度額認定証」の交付を受けることが必要。**

1日当たりの負担限度額

第1段階	生活保護受給者など	**食費 300円** **居住費（多床室） 0円**
第2段階	世帯全員が住民税非課税で、本人の年金収入などが80万円以下	**食費 390円** **居住費（多床室） 370円**
第3段階①	世帯全員が住民税非課税で、本人の年金収入などが80万円超	**食費 650円*** **居住費（多床室） 370円**

＊本人の年金収入などが120万円超なら1360円（第3段階②）。

注・居住費は部屋のタイプにより異なる。食費は施設サービスの場合。

※その他に預貯金要件あり。年金収入等80万円以下→預貯金650万円（夫婦で1650万円）、年金収入等80万円超120万円以下→預貯金550万円（夫婦で1550万円）、年金収入等120万円超→預貯金500万円（夫婦で1500万円）を超える場合、補足給付の対象外。

介護サービスにかかわる専門職たち

介護保険を利用する際、周囲のスタッフについて知っておくことは、よりよいサービスを受けるために必要なことです。

代表的な専門職一覧

（国）＝国家資格

介護に携わる専門職

ケアマネジャー ➡64ページ

ケアプラン（介護サービス計画）を作成し、相談援助、関係機関との連絡調整、介護保険の給付管理などを行う。

資格	介護支援専門員
携わるサービス	居宅介護支援、施設介護サービス

主任ケアマネジャー ➡35ページ

相談援助のエキスパートとして、ケアマネジャーのネットワークがスムーズに機能するような支援などを行う。

資格	主任介護支援専門員
携わるサービス	居宅介護支援、地域包括支援センター業務

ホームヘルパー（訪問介護員）

高齢者や障害者などの自宅を訪れ、身体介護や生活援助を行う。施設などで日常生活の自立を支援する「介護職員」もある。

資格	介護職員初任者研修、実務者研修、介護福祉士（国）
携わるサービス	訪問介護、通所介護*、施設介護サービス*など

*介護職員によるサービス。

介護保険のサービスでは、在宅、施設によらず、さまざまなスタッフがかかわります。その多くは専門の資格を持った専門職です。

どんな資格の人が働いていて、どんなことを担当しているのか、一定の知識を持っておきましょう。

介護保険施設や事業所では、配置する専門職の種類や人数が決められています。

また、上表の福祉専門職以外にも、サービス管理を行う「サービス提供責任者」、介護報酬の請求業務などを

介護福祉士

介護の専門的な知識と技術を持ち、身体介護や生活援助を行う。訪問介護事業所ではサービス提供責任者として、リーダー的役割を担うこともできる。

資格 介護福祉士（国）　**携わるサービス** 訪問介護、通所介護、施設介護サービスなど

ガイドヘルパー

通院など、外出や車の乗り降りの介助を行う。

資格 移動介護従事者　**携わるサービス** 訪問介護サービスなど

ソーシャルワーカー（生活相談員、支援相談員、医療相談員）

高齢者や障害者などの相談を受け、指導や助言を行う。医療機関などで働くソーシャルワーカーをメディカルソーシャルワーカーという。

資格 社会福祉士（国）、精神保健福祉士（国）、社会福祉主事任用資格
携わるサービス 医療機関、通所介護、施設介護サービスなど

介護保険のサービスは、多くの専門知識を持つスタッフに支えられている。

行う「介護事務*」といった人もいます。

ひとくちメモ

薬の飲み忘れを防ぐ服薬支援ロボ

確実に服薬の管理を行うのは難しいものです。認知症などによっても、薬の飲み忘れや飲み間違いは起こりがちです。

これらを予防し、服薬管理の自立をめざすため、「服薬支援ロボ」が販売されています。服薬の時間を画面や音声で知らせ、正しい薬を取り出せるしくみです。

介護を行う施設などでも導入が進んでおり、居宅療養管理指導で、薬剤師の管理やアドバイスにより活用されています。

こうした自立支援ロボットの活用によって、今後は本人が独力でできることが増え、介護の負担も軽減されるでしょう。

＊配置義務はない。

医療に携わる専門職

医師、歯科医師

療養指導、健康管理や訪問診察、往診などを行う。

資格	医師（国）、歯科医師（国）
携わるサービス	居宅療養管理指導、施設介護サービスなど

看護師

褥瘡《じょくそう》の処置、点滴の管理などの医療処置、療養の援助を行う。

資格	看護師（国）、准看護師
携わるサービス	訪問看護、居宅療養管理指導、施設介護サービスなど

薬剤師

服薬の管理や指導を行う。

資格	薬剤師（国）
携わるサービス	居宅療養管理指導など

歯科衛生士

歯科治療の補助や予防処置、口腔内の清掃や指導を行う。

資格	歯科衛生士（国）
携わるサービス	居宅療養管理指導など

保健師 ➡35ページ

地域住民の健康管理や保健指導を行う。

資格	保健師（国）
携わるサービス	居宅療養管理指導、地域包括支援センター業務など

ポイント

専門職が持つ専門知識や技能により、してもらえることと、してもらえないことがあるのを知っておく。特に医療行為は、医療の専門職でないと行えない（原則）。

リハビリテーションに携わる専門職（機能訓練指導員）

理学療法士

体操や運動、マッサージによる機能回復訓練を行う。

資格	理学療法士（国）
携わるサービス	訪問リハビリテーション、通所リハビリテーション、施設介護サービスなど

作業療法士

工芸や手芸、家事などによる機能回復訓練を行う。

資格	作業療法士（国）
携わるサービス	訪問リハビリテーション、通所リハビリテーション、施設介護サービスなど

言語聴覚士

発声や発語などの機能回復訓練を行う。

資格	言語聴覚士（国）
携わるサービス	訪問リハビリテーション、通所リハビリテーション、施設介護サービスなど

その他の専門職

福祉用具専門相談員

福祉用具のレンタルや販売に当たり、アドバイスや指導を行う。

資格	福祉用具専門相談員
携わるサービス	福祉用具貸与、特定福祉用具販売

住宅改修事業者

介護のための住宅改修について相談に乗り、工事を行う。

資格	福祉住環境コーディネーターなど
携わるサービス	住宅改修

調理職員

食事による栄養状態の管理や指導を行う。

資格	栄養士（国）、管理栄養士（国）、調理師（国）
携わるサービス	通所介護サービス、施設介護サービス、居宅療養管理指導など

サービスは「指定された事業者」が行う

介護保険のサービスを行えるのは、一定条件を満たし、都道府県や市区町村の指定を受けた事業所だけです。

介護保険のサービスを提供するサービス事業者は、都道府県や市区町村の指定を受けている必要があります。これを指定事業者といいます。指定事業者以外のサービスでは、介護保険が適用されません。

指定の基本条件は、①法人であること（原則）、②人員基準を満たしていること、③運営基準、設備基準、施設基準に従い、適正な経営ができることです。人員基準や運営基準などは、サービスごとに詳細に定められています。

指定申請から事業開始までの流れ

市区町村に事前の相談をする

▼

指定の申請をする

- 決められた受付期間内に、必要書類などを提出する。
- 市区町村により、一定の手数料がかかることがある。

▼

審査を受け、決定を受ける

- 市区町村の審査を受け、要件を満たしていれば、指定事業者に決定する。
- 施設などは、現地調査が行われることもある。
- 研修などが行われることもある。

▼

事業を開始する

- ６年ごとに指定の更新が必要。必要書類を提出して確認を受ける。

指定事業者（所）の数はサービスにより差がある

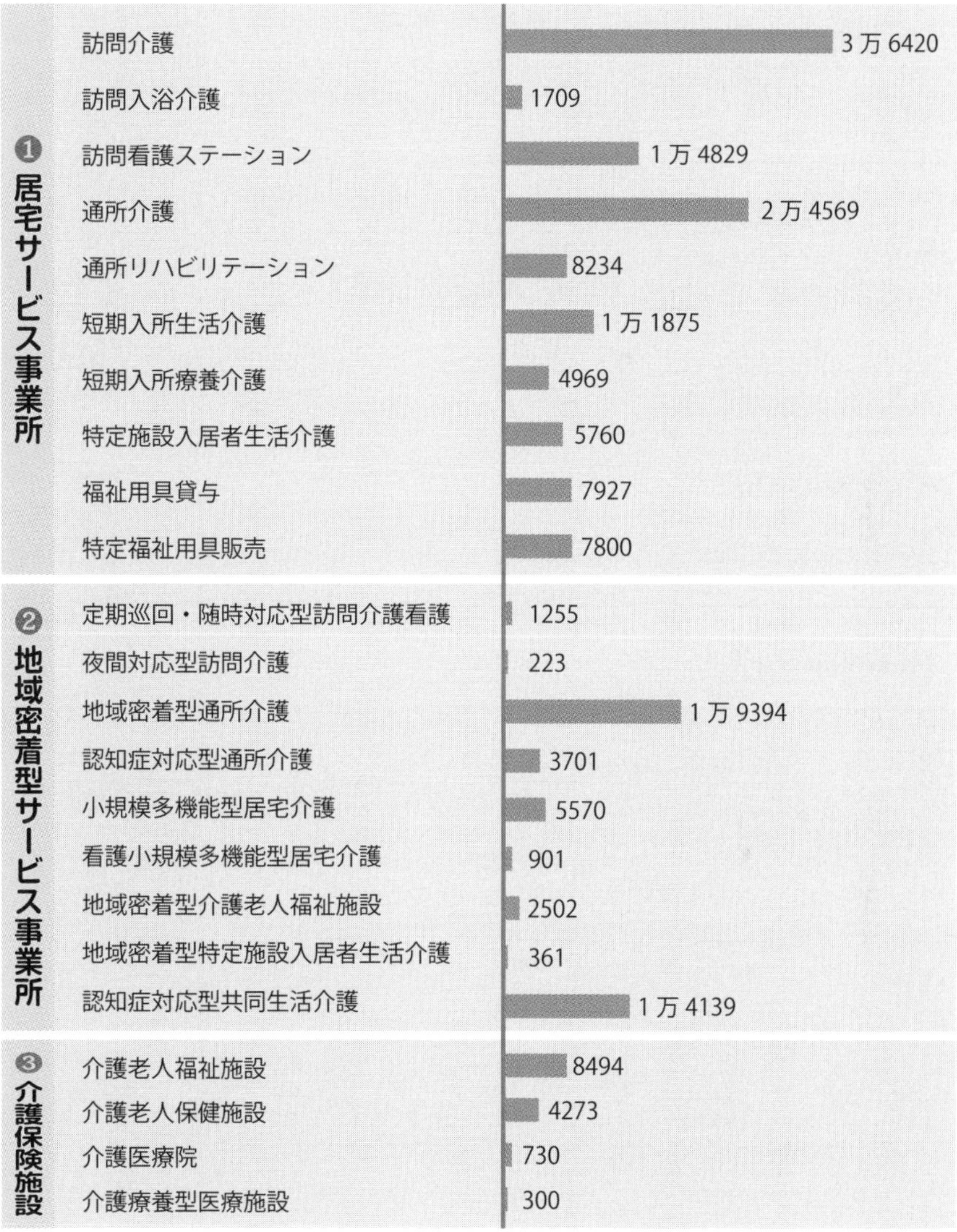

上記のほかに、④居宅介護支援事業所（ケアマネジャーの事業所）、⑤介護予防サービス事業所、⑥地域密着型介護予防サービス事業所、⑦介護予防支援事業所（地域包括支援センター）がある。

「令和４年介護サービス施設・事業所調査」（厚生労働省）より作成。

他の制度の給付が優先されることがある

要介護状態になった原因や状態によっては、介護保険以外の給付やサービスを受けることになる場合もあります。

他の制度から介護に関する給付などを受けられる資格があり、介護保険のサービスと重複する場合、利用の優先順位が決まっています。

たとえば、業務上の事故で要介護状態になった場合、労災（労働者災害補償保険）給付が優先されます。交通事故なら、自賠責保険（自動車損害賠償責任保険）が優先です。

障害のある人は障害福祉サービスを受けられますが、要介護認定を受けると介護保険サービスが優先となります。

労災保険の給付との関係

業務上の事故などで障害が残り、
介護が必要になった。

労災保険の給付が優先される

介護保険の給付 < **労災保険の給付**

労災給付の例

療養補償給付

業務災害などによる病気やケガをした場合、労災指定病院で治療を受けられる。または、療養の費用が支給される。

障害補償給付

業務災害などにより障害が残った場合、障害の程度に応じて年金または一時金が支給される。

介護補償給付

業務災害などにより障害が残って介護を受けている場合、１か月ごとに介護にかかった額の補塡を受けられる。

障害福祉サービスとの関係

障害福祉サービスを受けていた人が、
65歳になって介護保険サービスの対象になった。

↓

介護保険の給付が優先される

介護保険の給付 ＞ 障害福祉サービス

注・介護保険サービスと障害福祉サービスを１つの事業所で受ける「共生型サービス」を利用できる場合あり。

障害福祉サービス独自のものは受けられる

同行援護　**行動援護**

移動支援

障害者が外出するときの移動に援助を行う。

自立訓練

生活能力向上のための訓練を行う。

介護保険でサービスが不足する場合、併給できるものもある

居宅介護

障害者の自宅で家事の援助を行う。

ポイント

要介護状態が重くなると、障害者手帳を取得できることも多い。取得しておくと、税金の優遇（障害者控除）などを受けられる。

ひとくちメモ

障害者総合支援法とはどんな法律？

障害者総合支援法は、身体障害、知的障害、精神障害の人が、その地域で生活するための支援について定めています。この法律により、障害福祉サービスが行われます。サービスには、ホームヘルプやショートステイなどの介護給付、自立訓練などの訓練等給付、補装具費の支給などがあります。

ひとくちメモ

生活保護受給者もサービスを受けられる

生活保護受給者が要介護状態になった場合、介護保険のサービスを受けられます。このとき、保険料は生活保護の「生活扶助」から、利用料の1割負担は「介護扶助」から支給されます。

介護保険サービスでも医療費控除が使える

介護にかかった費用の一部は、確定申告により戻ってくる可能性があります。医療費とともにまとめておきましょう。

介護保険のサービスを利用している本人または本人と生計を一にする家族が確定申告をする場合、医療費控除を受けられることがあります。

医療費控除とは、1年間に支払った一定額以上の医療費を、その年の所得から差し引ける制度です。

この医療費に、左ページのような介護関連の費用を含められます。

医療費控除の対象額は、サービス事業者が発行する領収書に記載されています。申告のときに必要なので、大切に保管しましょう。

医療費控除の計算方法

家族の１年間の医療関連費 － 10万円

- 家族とは、生計を一とする配偶者や親族。生計を一とするとは、同じ収入で生活していること。同居していなくても仕送りなどで生活する家族も含む。
- 生命保険などからの入院給付金、公的医療保険の高額療養費などを差し引く。

（10万円）総所得金額が 200 万円未満なら、総所得金額×５％。

＝ 医療費控除の金額

10000

この金額を所得から差し引いて、所得税を計算できる。納める所得税が少なくすむ、または納めた所得税との差額が還付される。

医療費控除の対象となる介護保険サービス

＊のついたサービスは、介護予防サービスも対象。

医療系のサービス

支給限度額を超えた分を含む。

- ☐ 訪問看護*
- ☐ 訪問リハビリテーション*
- ☐ 通所リハビリテーション*
- ☐ 居宅療養管理指導*
- ☐ 短期入所療養介護*
- ☐ 定期巡回・随時対応型訪問介護看護（一体型の事業所で訪問看護を利用した場合）
- ☐ 看護小規模多機能型居宅介護（生活援助中心の訪問介護部分をのぞく）
- ☐ 介護老人保健施設
- ☐ 介護医療院

医療系のサービスと合わせて利用した次のサービス（主なもの）

支給限度額を超えた分はのぞく。

- ☐ 訪問介護（生活援助中心型をのぞく）
- ☐ 訪問入浴介護*
- ☐ 夜間対応型訪問介護
- ☐ 通所介護
- ☐ 認知症対応型通所介護*
- ☐ 小規模多機能型居宅介護*
- ☐ 短期入所生活介護*

費用（利用料＋食費や居住費）の2分の1が対象となるサービス

- ☐ 介護老人福祉施設
- ☐ 地域密着型介護老人福祉施設

ポイント

その他、寝たきりの人のおむつ代、医療系のサービスを受けるための交通費も対象となる。

確定申告書の例▶

必要事項を記入し、医療費の明細書を添付して住所地の税務署に提出する（翌年の3月15日*まで）。

＊土日の関係で、年により多少ずれる。

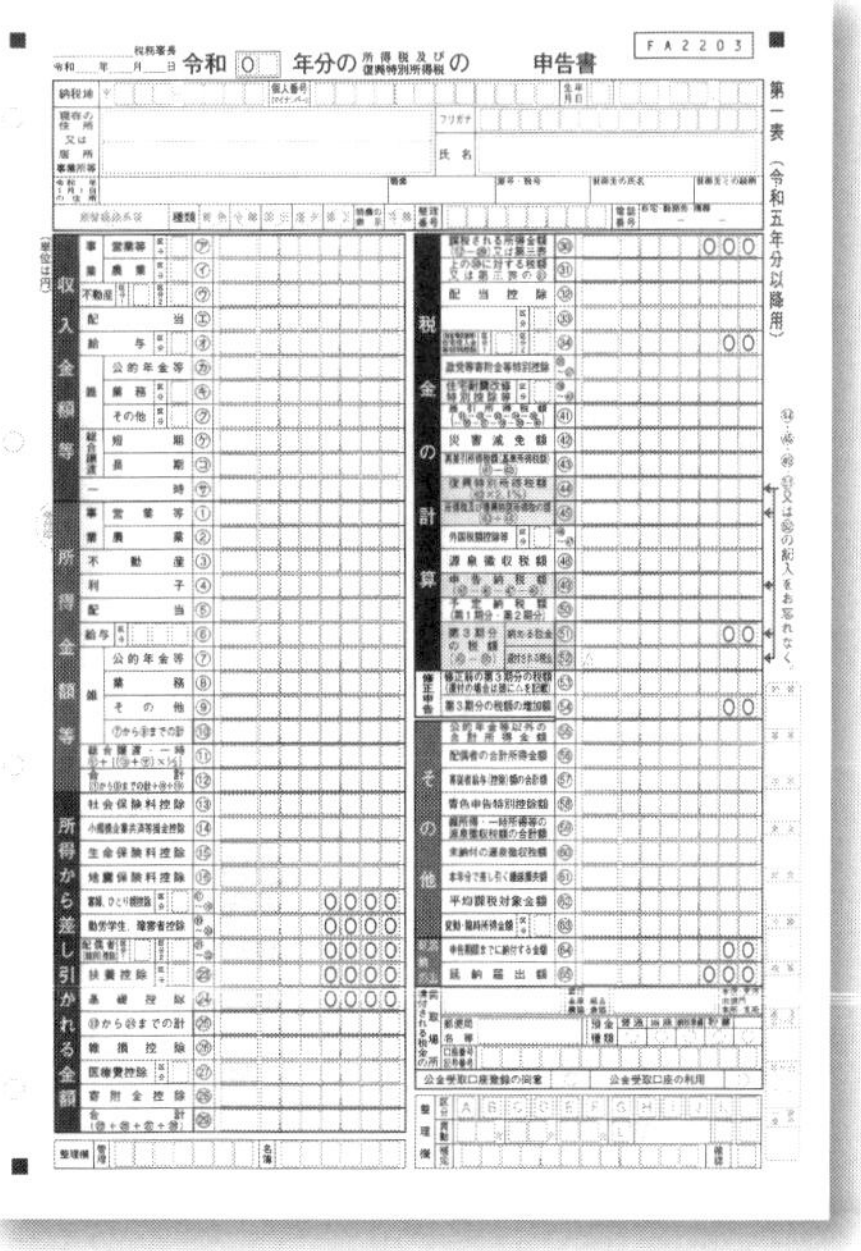

介護保険

基本用語＆カタカナ語辞典

介護保険で使われる専門用語について、
よく使われるもの、迷いやすいものをまとめました。

ア

●アセスメント（課題分析）

ケアマネジャーなどが、本人や家族からの聞き取りなどで、介護保険を利用する人の抱える課題や現状を分析、評価する作業。その結果はケアプランに反映される。

●上乗せ

市区町村独自に、介護保険サービスの支給限度額（→94ページ）よりも、サービスの利用回数や利用時間などを多く定めること。

●ADL（エー・ディー・エル）

Activities of Daily Living＝「日常生活動作」の意。食事、着替え、移動、排泄、入浴など、日常生活に欠かせない基本的な動作。高齢者の生活自立度の指標となる。

カ

●介護支援専門員（ケアマネジャー）

介護保険法に基づく公的資格の1つ。介護保険サービスについて、依頼によりケアプランを作成し、市区町村やサービス事業者、関連する施設などとの連絡・調整を行う。

●介護認定審査会

要介護認定の審査・判定のために、市区町村が設置する機関。医師や看護師、介護福祉士、社会福祉士など、保健・医療・福祉に関する専門家3〜5人で構成され、二次判定（→50ページ）を行う。

●介護福祉士

介護の専門知識と技術を持つと認められる国家資格。居宅介護サービスや施設介護サービスで、身体や精神に障害を持つ人の介護、本人や家族の援助や指導を行う。

●介護保険施設

介護保険により入所できる施設。介護老人福祉施設、介護老人保健施設、介護医療院がある（→130ページ）。民間の有料老人ホームとくらべて、入居一時金が不要など費用が安くすむ。

●介護保険審査会

市区町村による要介護・要支援認定や保険給付に関する処分などに対する、利用者などの不服申立てを、審査・裁決する機関。都道府県ごとに1つずつ設置されている。

●介護保険法

介護が必要な人を社会全体で支える介護保険制度について規定した法律。平成9年に公布、平成12年4月に施行された。3年ごとに制度の見直し（改正）が行われている。

●介護予防サービス

要支援1、2と認定された人が受けられる予防給付（→28ページ）によるサービス。要介護状態になることや症状の悪化をできるだけ防ぐことを目的とする。介護給付と同様、地域密着型もある。

●カンファレンス

会議のこと。介護保険のサービス内容などについて、医師やケアマネジャー、サービス事業者、必要に応じて本人や家族などが集まって行う。ケアプラン作成・更新の際のカンファレンスを、サービス担当者会議（→70ページ）という。

●QOL（キュー・オー・エル）

Quality of Life＝「生活の質」の意。医療や福祉で、人がどれだけ人間らしく、自らが望むような生活ができているかという視点。

●居宅介護サービス事業者

訪問介護や通所介護など、介護保険の居宅介護サービスを提供する事業者のこと。一定基準を満たし、都道府県の指定を受けている（本書では、「サービス事業者」で統一）。

●ケアハウス

「軽費老人ホーム」（別項）の1つ。個室が用意され、生活支援や介護が低料金で受けられる。介護への対応は、外部サービス利用の「自立型」と、施設による介護サービスを利用できる「介護型」がある。

ケアマネジメント

ケアマネジャーなどが、利用者に必要な介護や医療、福祉などのサービスを見きわめ、それらを適切に受けられるようケアプランを作成したり、関係機関との連絡・調整を行うこと。

軽費老人ホーム

身寄りがない、経済的な理由などで自宅での生活が困難な高齢者が、低料金で入居できる施設。食事の提供があるA型、食事の提供がないB型、介護に対応するC型（ケアハウス）がある。現在、A型とB型は新設されていない。

現物給付

介護保険サービスを受けたとき、自己負担分を支払うだけですむ給付方式。残りの利用料などは、サービス事業者が市区町村から支払いを受ける（⇔償還払い）。

サ

社会福祉協議会

社会福祉法に基づいて、福祉サービスの実施やボランティア、市民活動の支援など、地域福祉の向上に取り組む団体。介護保険サービスの問い合わせ窓口となっているところもある。

償還払い

いったん介護保険サービスの利用料全額を支払い、その後、市区町村に請求して自己負担分を除く金額を払い戻してもらう方式。特定福祉用具販売や住宅改修などで採用されている（⇔現物給付）。

ショートステイ

「短期入所生活介護」（→１１８ページ）のこと。介護保険の居宅介護サービスの1つ。介護老人福祉施設や専門施設に短期間入所し、日常生活の援助や機能訓練などの支援を受ける。

自立支援

介護や支援の際、本人の能力に応じて、家事などをできるだけしてもらうことで、今後も自立した生活を続けられるよう援助すること。

シルバーハウジング

高齢者が安心して暮らせるため、バリアフリー化され、生活相談や安否確認などが行われる公営の賃貸住宅。介護保険サービスを利用できるところもある。

●審査請求

市区町村による要介護の判定や保険給付に関する処分などに不服がある場合、介護保険審査会（別項）に見直しを求めることができる制度。原則として、判定や処分内容を知った日の翌日から3か月以内に行う。

●身体介護

食事や着替え、排泄、入浴の世話など、主に利用者の身体に直接触れて行う介護。訪問介護のサービス区分の1つ（⇔生活援助）。

●生活援助

調理、洗濯、掃除、買い物など、利用者の日常生活のサポート。訪問介護のサービス区分の1つ（⇔身体介護）。

●総合事業（介護予防・日常生活支援総合事業）

地域支援事業（別項）の1つ。市区町村が介護予防と日常生活支援のために行う総合的なサービス。「介護予防・生活支援サービス事業」と「一般介護予防事業」がある。

タ

●ターミナルケア

余命わずかの患者（利用者）に対する医療、看護、介護。延命治療中心でなく、身体的、精神的苦痛をできるだけやわらげ、その人らしくおだやかな人生の最期をめざす。終末期医療、看取り介護ともいう。

●地域支援事業

高齢者が要介護状態になることを予防し、要介護状態になっても、地域で自立した生活が営めるよう、市区町村が支援する事業。「介護予防・日常生活支援総合事業」「包括的支援事業」「任意事業」の3つがある。

●地域包括ケアシステム

高齢者が住み慣れた地域で自分らしく暮らせるよう、住まい、医療、介護（予防）などを一体的に提供する体制。市区町村が実践する。

●地域密着型サービス

介護が必要になっても、住み慣れた地域で生活を続けられるよう行われるサービス。市区町村が指揮・監督する。小規模多機能型居宅介護、認知症対応型共同生活介護など。小規模なものが多い。

デイケア

「通所リハビリテーション」（↓１１４ページ）のこと。介護保険の居宅介護サービスの1つ。利用者が介護老人保健施設や医療機関などに通って、機能訓練や食事、入浴などの援助を受ける。

デイサービス

「通所介護」（↓１１２ページ）のこと。介護保険の居宅介護サービスの1つ。利用者がデイサービスセンターなどに通って、食事や入浴などの援助を受ける。

特別徴収

第1号被保険者の保険料納付方法の1つ。年18万円以上の公的年金を受けている場合、年金から保険料が天引きされること（⇔普通徴収）。

特別養護老人ホーム（特養）

在宅介護が困難な65歳以上の高齢者が、入所して必要なサービスを受けられる施設。介護保険では「介護老人福祉施設」（↓１３２ページ）。原則要介護３以上の人が対象。

ナ

認知症

アルツハイマー病、脳血管系の病気などによる認知機能の低下で、日常生活や社会生活に支障がある状態。

認定有効期間

要介護認定の有効期間で、原則6か月。この期間内にサービスを利用できる。サービスを継続して利用する際は、更新申請が必要になる。

ハ

普通徴収

第1号被保険者に対する保険料徴収方法の1つ。公的年金の支給額が年18万円に満たない場合、納入通知書により市区町村に直接保険料を納めること（⇔特別徴収）。

プライマリケア

病気などの際、最初に受診して診断や相談に乗ってもらう医療。地域の医療機関や、かかりつけ医がその役割を担うことが多い。

訪問調査員

要介護認定の申請を受けて、市区町村から派遣され、申請者の自宅を訪問して聞き取り調査を行う人。市区町村の職員や委託を受けたケアマネジャーなど。

マ

●民生委員

地域住民の身近な相談役をボランティアで担う、非常勤の地方公務員。一人暮らしの高齢者の見守りや、介護保険の利用相談、申請の代行なども行う。

●モニタリング

ケアマネジメント（別項）の一環として、介護保険サービス開始後、ケアマネジャーが、ケアプラン通りのサービスが行われているか、内容は十分か、課題はないかなどを評価、検証すること。

ヤ

●ユニット型個室

介護保険施設の居室タイプのうち、食堂などの共用部分をいくつかの個室ごとに設けているもの。このユニット単位でサービスの提供を行う（ユニットケア）。家庭的な雰囲気の生活ができる。

●要介護状態区分（要介護度）

介護が必要な程度に応じて定められた、要介護状態の区分。要支援1、2、要介護1、2、3、4、5の7段階がある。要介護状態とは、食事、入浴、排泄など、日常生活の基本動作に援助が必要な状態が6か月以上続いていること。

●要介護認定

介護保険の被保険者がサービスを希望する際、市区町村が介護の必要の有無やその重さを決定すること（具体的な認定の流れ↓40ページ）。

●横出し（市町村特別給付）

介護保険の保険給付以外に、市区町村が独自に行う給付。内容は市区町村により異なる。移送サービスや配食サービス、おむつ支給など。

ラ

●リビング・ウィル

終末期医療について、本人が希望する、延命措置や治療内容などに対する事前の意思表示。文書にするのが一般的。

●レスパイトケア

在宅で介護している家族の疲労やストレスなどを、軽減するために行われる支援やサービス。介護保険サービスでは、通所介護や短期入所生活介護などがそれに当たる。

ま～も

や～よ

ら～ろ

な～の

は～ほ

た～と

さ～そ

き～こ

用語さくいん

あ～お

か

● 監修者

伊藤亜記（いとうあき）

介護コンサルタント、株式会社ねこの手代表取締役、介護福祉士。介護相談や介護施設・事業所の運営・営業サポートなどに精力的に活動中。また、全国各地で実地指導対策や介護に関する講演やセミナーを行っている。著書に『図解いちばんわかる介護記録の書き方』（ナツメ社）『ケアマネジャー仕事の進め方Q&A』（ひかりのくに）など多数。

● 本文デザイン　南雲デザイン
● 本文イラスト　いたばしともこ
● 校正　寺尾徳子
● DTP　株式会社明昌堂
● 編集協力　オフィス201、武田央代
● 企画・編集　成美堂出版編集部

本書に関する正誤等の最新情報は、下記アドレスで確認できます。
https://www.seibidoshuppan.co.jp/support/

上記アドレスに掲載されていない箇所で正誤についてお気づきの場合は、書名・発行日・質問事項・氏名・住所・FAX 番号を明記の上、**成美堂出版**まで**郵送**または **FAX** でお問い合わせください。**お電話での問い合わせはお受けできません。**

※本書の正誤に関するご質問以外にはお受けできません。また、介護の相談などは行っておりません。
※ご質問の到着確認後、10 日前後で回答を普通郵便または FAX で発送いたします。

いちばんわかりやすい最新介護保険

2024年 7 月30日発行

監　修　伊《い》藤《とう》亜《あ》記《き》
発行者　深見公子
発行所　成美堂出版
〒162-8445　東京都新宿区新小川町1-7
電話(03)5206-8151 FAX(03)5206-8159
印　刷　大盛印刷株式会社

ISBN978-4-415-33285-7
落丁·乱丁などの不良本はお取り替えします
定価はカバーに表示してあります